我国**新型职业农民**培育若干问题研究
——基于乡村振兴的视角

杜 芳 李宏伟 屈锡华◎著

四川大学出版社
SICHUAN UNIVERSITY PRESS

项目策划：梁　胜
责任编辑：梁　胜
责任校对：陈　纯
封面设计：墨创文化
责任印制：王　炜

图书在版编目（CIP）数据

我国新型职业农民培育若干问题研究：基于乡村振
兴的视角 / 杜芳，李宏伟，屈锡华著．— 成都：四川
大学出版社，2021.7
　（新时代乡村振兴战略丛书）
　ISBN 978-7-5690-3263-5

　Ⅰ．①我… Ⅱ．①杜… ②李… ③屈… Ⅲ．①农民教
育－职业教育－研究－中国 Ⅳ．① G725

中国版本图书馆 CIP 数据核字（2019）第 280513 号

书名	我国新型职业农民培育若干问题研究——基于乡村振兴的视角
	Woguo Xinxing Zhiye Nongmin Peiyu Ruogan Wenti Yanjiu
	——Jiyu Xiangcun Zhenxing De Shijiao

著　　者	杜　芳 李宏伟　屈锡华	
出　　版	四川大学出版社	
地　　址	成都市一环路南一段 24 号（610065）	
发　　行	四川大学出版社	
书　　号	ISBN 978-7-5690-3263-5	
印前制作	四川胜翔数码印务设计有限公司	
印　　刷	成都金龙印务有限责任公司	
成品尺寸	170mm×240mm	
印　　张	11.25	
字　　数	207 千字	
版　　次	2021 年 7 月第 1 版	
印　　次	2021 年 7 月第 1 次印刷	
定　　价	48.00 元	

◆ 读者邮购本书，请与本社发行科联系。
　电话：(028)85408408/(028)85401670/
　(028)86408023　邮政编码：610065
◆ 本社图书如有印装质量问题，请寄回出版社调换。
◆ 网址：http://press.scu.edu.cn

四川大学出版社
微信公众号

目　录

上篇：我国新型职业农民培育概论

上篇：我国新型职业农民培育概论

第一章 绪 论

新型职业农民是基于时代发展的客观现实性需求而诞生的。本书主要通过上篇"新型职业农民培育概论"和下篇"我国职业农民培育案例研究"进行分析。上篇主要分析我国新型职业农民培育面临的基本国情和影响因素，在参考国际经验的基础上，分析新型职业农民的认定管理体系。下篇主要以全国5个省市的试点为基础，在分析新型职业农民的培育现状、培育环境、培育问题、培育经验等方面的基础上提出相应的对策建议。

第一节 研究目的及意义

一、研究目的

本文的研究目的在于通过分析我国职业农民培育过程中遇到的若干问题，分析职业农民的缘起、职业农民内涵、职业农民职业素质，我国职业农民培育面临的基本国情、可资借鉴的国际经验、发达国家和新兴经济体国家的认定管理体系等，并通过案例分析全国5个省市职业农民培育现状、存在的问题、可能的原因，并针对培育过程中存在的问题提出可资借鉴的政策建议。

二、研究意义

党的十八大报告指出要"加快发展现代农业，增强农业综合生产能力，确保国家粮食安全和重要农产品有效供给"。党的十九大报告提出加强农村专业人才队伍建设，大力培育新型职业农民。一方面，随着城乡统筹战略的实施，城市化进程加快，农村大量劳动力进城务工，务农兼业化日益严重，部分地区农业资源浪费问题严重，土地和劳动力等资源利用效率下降；另一方面，农业人口老龄化问题逐渐突出，局部地区农业生产劳动力不足的问题已经显现。为了解决这一矛盾，必须培育以"有文化、懂技术、会经营、成组织"为基本特征，形成面向市场，掌握现代农业技术的新型职业农民队伍。

首先，从理论上看，目前对职业农民培育的深入研究还远远不够，现有研究主要通过政府主导、从财政补贴角度转移劳动力资源来研究职业农民的培育问题，涉及职业农民本身的培育问题相对较少。因此，以新型职业农民为研究对象，分析职业农民的发展方向，不仅可以避免职业农民培育的单一化，还为职业农民培育提供了新的视角。

其次，从现实情况来看，虽然大部分发达国家和一些新兴经济体国家在职业农民的培育方面为我国提供了可资借鉴的实践经验，但由于我国农民的特殊身份变迁历史决定了我国职业农民具有与不同于其他任何国家职业农民的特质。同时，由于我国处于发展中阶段，其财政投入有限，探讨最优职业农民培育路径可以使国家财政投入有效发挥更大作用，构建适合我国国情的职业农民培育路径具有极强的现实和实践意义。

因此，培育中国新型职业农民将有助于国家决策和农业生产安全，具有重大的理论意义和实践意义。

第二节　国内外相关研究现状评述

一、国内相关研究现状

目前，国内关于新型职业农民培育的相关研究主要集中在以下几个方面。

（一）介绍国外职业农民教育和培训的经验

朱康、张军（2010）研究认为，发达国家通过明确投入主体、建立教育立法、完善管理体系，建立职业农民培育模式，实现农民从传统的农民身份向新型职业农民的转变。他们认为职业农民培育需要加大公共财政投入，建立市场准入机制，搭建职业农民培育平台，拓宽职业农民培育路径，丰富职业农民培训内容，有效加快我国职业农民培育进程。席冬梅（2012）研究了韩国多元农民教育体系，从完善的法律体系保障、以农协为主要平台的多元化农民教育体系、教学与生产实践相结合、环境保护和食品安全教育、充足的教育经费等方面提出应该从立法角度保证必要的资金投入、积极引导社会力量参与农民教育培训、强化农业教育培育的针对性和实用性、注重生态环境保护教育等四个方面提出建议。李国祥、杨正周（2013）指出培养新型职业农民是2012年美国农业法草案制定中的重要议题，以法律的形式明确了通过能力提升参与农业农村发展及补贴和信贷来培育新型职业农民，巩固和扩大美国农业优势地位。他们指出可借鉴美国的培育经验来培养我国新型职业农民，通过改善农村基础设施及其生活生产条件，鼓励农村年轻人扎根农村，加强相关的职业教育培训，为职业农民提供惠农强农富农政策。

倪慧等（2013）研究了法国的职业农民教育体系。法国主要通过建构"农业教育体系"，设立"高等农业教育、中等农业职业技术教育和农民职业培训"平台。（1）高等农业教育。其主体是高等专科学院，要求层次高，注重办学适用性，公立和私立性质并存，如巴黎高等园艺学校和格里戎农学院，目标是培养高级农业机械设计师和园艺师等。（2）中等农业职业技术教育。分为两种形式：一种是基层农业技术人员，专门接收高中毕业生，两年期满成绩合格后发放高级技术文凭；另一种是农业生产经营者，接收初中毕业生，三年期满成绩合格后发放农业技术员文凭。（3）农业职业培训。负责灵活培养各类农业从业人员，培训时间从三个月到两年期不等。法国职业农民教育体系由农业部进行预算管理，其教育对象涉及广泛，侧重向青年农民提供教育服务和教育基金。整体内容除传统的农产品生产、农产品加工、农业管理、农业服务等专业知识外，还开展畜牧业保护与开发、土地整治、环境保护、森林养护等方面的教育。

（二）职业农民培育的问题与对策分析

随着国家大力倡导新型职业农民的培育，各地政策不尽相同，出现的问题也较多，因此针对问题与对策分析方面的文献较多。关于培育的问题方面，主要集中在几个方面。

对于职业农民培育对策建议方面的研究主要集中在两个方面。一是提出应该创造农民培育的制度基础，朱启臻（2011）提出，建立城乡人才双向流动的新机制，建立农业职业的准入制度，形成"职业农民培育工程"。殷瑛（2009）也提出了职业农民培育的必要性，并通过建立职业准入制度，改革农村教育体系，加大政策支持和立法的力度等几个方面构建"三位一体"的职业农民教育模式。张桃林（2012）提出要重视农业经营资格准入，他指出实行农民资格考试，确保宝贵的农业资源让高素质的农民来使用和经营。按照国家发展农业产业化要求，带动农户发展专业化、标准化、规模化、集约化生产，率先在适度规模化生产经营领域，研究制定农业职业资格准入制度，确保宝贵的农业资源由高素质农民经营，并以此为切入点，逐步健全农业职业资格证书制度。此外，还有很多学者提出完善农村土地市场，加快土地合理流转；构建政府主导的职业农民培育模式等主张。

二是建立相应的教育培训机制和体系。郭海清（2010）指出，农民素质低下与我国农村教育尤其是农村成人教育发展严重滞后有密切关系。大力发展农村成人教育对于培育有知识、懂技术、会管理的新型农民具有重要意义。为此，我国必须大力发展农村成人教育，要提高认识，加大投入，切实保障农村成人教育工作的稳步健康发展；要积极探索农村成人教育的新模式，努力构建培育新型农民、服务新农村建设的农村成人教育新体系。莫广刚、张治霆（2013）研究指出，在职业农民培养中，要做到培训内容与农民需求相一致，就应做好培训前的农民需求调研、农民发展产业实际情况的调研，据此进行课程设计、确定课程内容和选择相应专业和特长的授课教师。李金文（2007）指出，在我国农民科技文化素养整体水平较低，农民培训与现代农业发展及农村需要差距很大，通过构建新型的职业农民培训体系及模式，提升职业农民素质，可以解决制约我国现代农业发展及新农村建设的人力资源瓶颈问题。他进一步提出，将职业农民培训以提高农民科技素质和经济效益为出发点，建立统一领导、统筹规划的职业农民培训体系，积极探索"订单"式职业农民培训模式，创建灵活多样的职业农民培训经费筹集模式，充分发挥农业高等院校、科研院所专家的培训示范作用。郭智奇、齐国（2012）等指出要完善培养职业农民的相关配套政策和措施，如加快农民职业教育立法、明确政府责任定位、完善工作运行机制、加大财政投入、改善教育培训条件等。此外，还有郝丽霞（2009）提出农村户籍和社会保障制度改革；周一波（2013）提出可以考虑设立农民科技教育培训中心，在职业农民培训经费中，每年拿出 10％ 的资金设立体系建设专项，用于培训中心设施建设、师资培训、人员交流等支出。

二、国外相关研究现状

国外相关的职业农民研究大量集中在人力资本投资领域，对职业农民培育为主，主要研究的是农村人力资本投资对促进农村经济发展和增加农民个人收入方面的影响。具体包括如下几个方面。

（一）农民教育和培训的重要意义

著名经济学家 Alfred Marshall（1920）指出，所有的投资中，最有价值的是对人自身的投资，市场不能完全解决个人教育投资不足的问题，这个时候政府投入在整个教育投资过程中扮演重要的角色，通过追加教育投资总量，提升职业技术结构转变，促进经济发展。Van Crowder（1998）等实证分析了农业职业教育对消除农民贫困和改善农村经济方面的积极作用。美国经济学家Schultz（2002）指出教育水平与劳动生产率存在显著的正相关性，人力资本能够促进农业增长，职业农民教育是改变传统农业的关键人为因素之一。Wallce（2006）认为职业农业教育是现代农村发展的因素之一，认为可通过加强对农民的培训，完善培训相关制度来促进农业的进步。因此，各国学者纷纷展开农民教育和农民培训的相关研究。Van Crowder（1997）主张改革农业职业教育培训课程，设置过程要与市场接轨，充分保障粮食安全，消除农村贫困问题。Zinnah（2008）提出农业课程设置要充分结合农业从业者的相关利益和培训需求，只有在综合评估的基础上，才能确保课程培训体系适合农村的发展。Bennell（2008）通过实证研究得出部分农业技能培训内容脱离农业客观就业形势，不能及时接轨农民的实际技能需求，农民培训反馈机制不顺畅，无法及时准确地收集到相关培训建议，缺少有活力的课程评审和改革过程，因此农业培训的开展必须根据当下的农业形势和实际需求进行农业技能课程设置和培训。

（二）职业农民发展模式

一是东亚模式。主要是针对耕地面积零散化，农业生产难以形成规模化和集约化。基于这种耕地条件，由国家出台相关农业法律法规，各级政府积极引导，对职业农民进行分目标、分方向、分层次进行培训的模式，适合于人均耕地面积少于世界平均水平的地域，主要集中在东亚地区，简称"东亚模式"，其代表国家为日本、韩国。

二是西欧模式。主要针对人均耕地和劳动力都不足的地区，农户经营规模中等，现代农业发展较快，机械技术与生物技术并进的模式，实现农业机械化、电气化、水利化和产业化，既提高了土地生产率，也提高了劳动生产率。其代表国家为英国、法国和德国和意大利。

三是北美模式。耕地规模化经营、高度机械化和集约化运作，以粮食作物为主要的农业生产模式。职业农业培育以农学院为主要载体，辅助以科研和农技推广，能够充分提高职业农民农业技能的培养模式，其代表国家除了北美的美国、加拿大，还包括大洋洲的澳大利亚、南美洲的巴西、阿根廷等。

三、评述

国内外相关研究为当前我国新型职业农民培育提供了可资借鉴的参考依据，但基于我国的特殊国情和农民身份变迁历史，现有的研究中仍然存在一些不足之处：（1）"新型职业农民"的内涵、本质、基本特征、类型等尚未厘清。"新型职业农民"是农业专业化分工、产业化、市场化的结果，因此"新型职业农民"的内涵与基本特征必须从这几个方面分析，才能准确界定，但已有研究忽视了这一理论前提。（2）混淆了农民教育培训与职业农民发展的区别。职业农民区别于传统农民，具备"成组织、有文化、懂技术、会经营"的基本特点，因此旨在提高农民文化素质的一般性教育或培训只是新型职业农民"发展"的一个方面。（3）未考虑到我国职业农民发展的特殊国情。目前，我国仍然是以小农经营方式为主导，农业生产规模化水平、产业化水平、市场化水平整体偏低，区域之间农业发展水平极为不平衡。（4）未提出新型职业农民发展的具体路径。现有研究往往只提出一些宏观的、方向性的政策建议，对于如何加大财政投入、如何建立新型职业农民培育体系，提高职业农民素质都没有可操作化和明细化的具体措施，实践性不强。

鉴于此，关于新型职业农民的研究将呈现两个趋势：（1）从笼统介绍国外职业农民发展的成熟经验，转而立足于我国新型职业农民发展面临的变迁历史和特殊国情，探讨新型职业农民培育的发展规律。（2）从旨在提出方向性的宏观对策建议研究，转向重点探究新型职业农民具体的培育模式和培养途径。本研究就是以这两个趋势为基础，分析我国职业农民培育过程中面临的若干问题，并通过实证案例研究检测当前新型职业农民的培育实效，找到适合我国新型职业农民培育的恰当模式和实现路径。

第三节　研究思路及主要内容

一、研究思路

本书研究思路如图 1-1 所示。

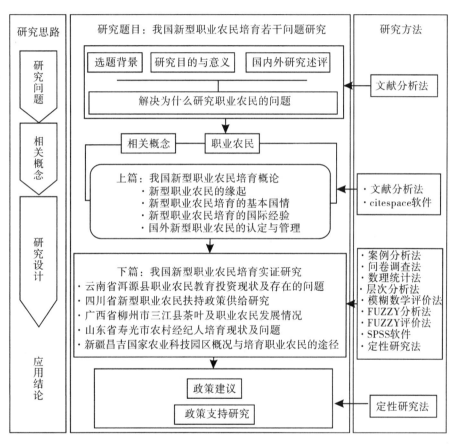

图 1-1　本书研究思路图

二、研究内容

新型职业农民是指具有科学文化素质、掌握现代农业生产技能、具备一定经营管理能力，并以农业生产、经营或服务作为主要职业，以农业收入作为主要生活来源，居住在农村或集镇的农业从业人员。"职业农民"最初于 1946 年由人类学家沃尔夫在其著作中正式提出，摆脱传统农民的身份，将农民定义为一种职业，扮演理性经济人角色，充分进入市场，利用所有的资源促使个人劳动报酬最大化。

世界各国高度重视职业农民培育，不同学者针对职业农民培育现状及存在的问题进行了富有成效的探讨，也取得了一定的进展。从中国目前国情来看，传统农业面临升级转型，职业农民培育有着深刻的现实背景：一是城市化进程的加快，农村面临人口老龄化、女性化、兼业化，农村劳动力面临大量短缺等，农业安全面临"谁来种地"的问题。二是现代农业的快速发展，技术化、规模化、专业化、集约化生产促使农村劳动力转型升级，农业继承人如何培育，农业发展面临"如何种好地"的问题。三是随着乡村振兴战略的实施，相关新型职业农民培育的政策不断出台，但从中国乡村目前的劳动力结构来看，留守农民普遍存在年龄结构偏大、教育水平偏低、多从事传统型农业生产，返乡归来的农民普遍技能单一、职业能力不足，农业振兴面临"农民如何培育"的问题。

2012年中央一号文件再次提出要大力培育职业农民，把职业农民的培育发展上升到治国安邦的战略举措。党的十八大报告指出要"加快发展现代农业，增强农业综合生产能力，确保国家粮食安全和重要农产品有效供给"。"十三五"推出全国新型职业农民培育发展规划。党的十九大报告提出加强农村专业人才队伍建设，大力培育新型职业农民。

目前，国内关于新型职业农民的培育的支持政策、认定管理和教育培训三大体系，但仍然存在新型职业农民内涵不清、职业素质模糊，资格认定不准、培育机理和路径缺乏、培育效果不佳等问题。鉴于此，本书旨在解决以上重点问题，重点探讨新型职业农民培育过程中存在的若干问题，并运用案例实证新型职业农民培育过程。其中：上篇重点分析职业农民培育的现状、缘起、内涵、影响因素，职业农民培育的国际经验、职业农民的认定管理体系等；下篇通过具体的案例分析新型职业农民培育过程中的具体问题，包括云南省、四川省、广西壮族自治区、山东省、新疆维吾尔自治区等典型案例调查。

本书的主要内容主要包括九章，其中包括上篇四章，下篇五章。

上篇：我国新型职业农民培育概论。

第一章为绪论。分析新型职业农民培育的研究目的与意义、分析国内外相关研究现状、研究思路与主要内容、研究方法、可能的创新之处。研究综述部分主要分国内外两方面进行分析。国内从"介绍国外农民教育和培训的经验、农民职业教育的必要性、职业农民培育的问题与对策分析"；国外主要从"农民教育和培训的重要意义、职业农民发展模式"等方面分析。

第二章为相关概念及理论基础。首先，分析了新型职业农民从"传统小农经济—合作社农民—市场化小农经济—职业化农民"身份的嬗变；其次，分析新型职业农民的内涵：职业农民定义、职业分类、职业属性和基本特征。再次，分析新型职业农民职业素质的构成。

第三章为我国新型职业农民培育的基本国情。首先，从现代农业服务体系、土地制度、农业经济组织发展和农民培训体系等方面，梳理和总结了西方发达国家和新兴经济体国家职业农民发展的宏观条件。其次，详细分析了我国新型职业农民培育面临的现状及存在的问题，并从政策框架、培育方式、成效及问题等方面总结了当前新型职业农民培育的现状。再次，分析新型职业农民培育的主要影响因素，并提出了专业化培育、产业化培育和组织化培育是新型职业农民培育的主要方向，并对组织化培育的机理进行了探讨，在此基础上，分析农业组织发展与农民职业化之间的关系。

第四章为新型职业农民培育的国际经验。主要分析发达国家和新兴经济体国家的职业农民发展。首先，分析了发达国家职业农民发展的基本模式：依托现代农业产业化体系、完善的土地制度与规模经营、成熟的农民教育培训体系。其次，通过对比研究新兴经济体国家职业农民发展条件，得出新兴经济体国家职业农民的发展基本模式：职业农民通过政府和农民合作组织的帮助和扶持，通过土地集约化经营，转型成为新型职业农民；再次，对发达国家如荷兰、法国、西班牙、日本和美国的农业中介组织和农村经纪人发展经验进行总结，并在此基础上得出针对我国新型职业农民培育的相关启示。

国外新型职业农民的认定管理体系。主要通过分析国外职业农民认定情况进而关注我国新型职业农民的认定管理工作。首先，从职业资格认定标准、教育培训与考核、认定管理机构和保障措施四个方面总结了英国、法国、德国、加拿大等发达国家认定管理工作的主要经验。其次，从认定标准、管理机构、认定流程、动态管理和保障措施等方面比较总结了我国 12 个省 22 个试点市县认定管理工作的主要经验，分析了存在的问题，并在此基础上提出了制定科学的认定标准和构建证书分类定级制度，将培训和考核作为关键环节纳入认定程序，根据"政府主导，多方参与"原则重构认定管理组织体系，构建完善的法律保障和政策扶持体系等建议。

下篇：我国新型职业农民培育案例研究。

第五章为云南省洱源县职业农民教育投资现状及存在的问题。首先，分析了洱源县职业农民教育现状，依据"目标—原则—指标"的构建思路，形成了

"投资主体、投资内容、投资环境和投资载体" 4 个一级指标，30 个二级指标的职业农民教育投资分析模型。其次，根据层次分析法对指标进行权重赋值及优先排序。最后，提出完善洱源县职业农民教育投资决策的相关对策建议。

第六章为四川省新型职业农民扶持政策供给研究。首先，对当前四川省新型职业农民扶持政策进行简述。具体包括：完善地方法规开展培育试点，提供资金、金融信贷支持，增加农业补贴，完善农田基础设施建设，全面实现土地流转，鼓励发展农民合作社。其次，以四川省成都市、崇州市、广汉市、内江市作为样本地区调研对扶持政策供给实效进行实证分析，探讨了扶持政策执行过程中存在的问题。再次，提出准确把握新型职业农民政策需求，提高政策供给效益，提高供给政策客观性，掌握新型职业农民培育和发展规律，提升职业农民认知水平，建立有效的政策监督机制，保证政策供给的有效落实。

第七章为广西壮族自治区柳州市三江县茶叶发展及职业农民概况。首先，分析三江县茶产业发展情况和职业农民培育现状；其次，分析了职业农民在茶叶种植采摘、生产加工、营销储运、品种改良和经营管理等各个环节的分工生产活动及存在的问题；最后，分析了三江县茶产业职业农民职业化发展缓慢的原因，并提出相关的政策建议。

第八章为山东省寿光市农村经纪人培育的现状及存在的问题。首先，分析寿光市农村经纪人队伍现状，包括基础设施条件得到改善，政府对农村经纪人培育重视程度提升，农村经纪人队伍壮大等。其次，分析了农村经纪人培育过程中存在管理不规范、业务种类单一、业务范围较窄、农村经纪人文化素质不高、对培训认同度不够、整体实力相对较弱等问题。最后，针对上述问题提出相应的建议措施。

第九章为新疆昌吉国家农业科技园区概况与培育职业农民的主要途径。首先，从新疆昌吉国家农业科技园区职业农民发展途径入手，分析了知识化培育、市场化经营和组织化发展三种途径来培育职业农民。其次，分析职业农民在知识技能、经营能力培育、组织化发展方面存在的不足及问题。最后，针对新疆昌吉国家农业科技园区职业农民发展现状提出相应的对策措施。

第四节　研究方法

本研究主要采用了规范与实证，定性与定量相结合的研究方法。具体而言，上篇论述中，主要采用定性方法，包括职业农民培育的国际经验、国外职业农民的认定管理体系。下篇论述中，主要采用定量方法。如：在云南、广西、四川、山东和新疆等省区的职业农民实证研究过程中，主要采用定量研究法分析职业农民培育的现状、面临的问题及其解决措施。具体研究方法如下。

一、文献分析法

文献分析法，是对现有的文献数据资料进行查阅和分析，从而归纳出某一研究主题的发展趋势。本书中，笔者运用文献分析法查阅了大量国内外有关职业农民培育、教育投资和决策分析等方面的资料，了解掌握国内外关于职业农民研究的历史、现状和主要成果。具体方式如下：一是通过国内外数据库，如知网、中国社会科学网、SSCI 网、EI 网等数据库查询相关资料；二是通过查阅相关的书籍和专著，充分了解国内外关于职业农民研究的现状；三是通过网络平台，如农业网、三农网等平台进行及时查询。

二、访谈法

访谈法，是指通过对访谈对象进行有目的的访谈而直接获取第一手资料的一种调查方法。在本书中，访谈法具体通过对不同案例地区职业农民进行访谈，这些访谈资料是相关的客观事实材料，从访谈材料中提出相关问题，以便于后续进一步的问卷设计和调查。

三、问卷调查法

问卷调查法，是目前最普遍的一种调查方式。本书中，问卷调查法主要应用于具体的案例调查中，设计针对职业农民培育相关问题的问卷，对职业农民进行一一问询，从而收集调查对象的基本信息和主观看法。问卷相对于访谈对象来说更加易于控制，但由于问题有限，获取的信息也有限。问卷法的优点在于标准化，一般辅助以利 SPSS 社会科学统计软件进行统计分析。本书中具体到案例地区关于职业农民的问卷调查中，结合问卷法和 SPSS 软件进行实证分析。

第二章 职业农民概述

第一节 新型职业农民的缘起——基于农民身份变迁的考察

中国五千多年的历史进程中，农民始终充当着一个重要的角色。如今，"三农"问题也一直是政府、学界以及社会各方面关注的焦点，"三农"问题中的"农民"问题又是焦点中的焦点。在中国历史上，农民身份经历了几次变迁，每次土地改革和税制改革都与中国农民的命运息息相关。只有理顺农民与国家制度，特别是土地制度与户籍制度的关系，才能明确农民的地位，改变当前部分农民的困境和农村更好的发展。

一、传统小农经济：中华人民共和国成立以前的农民身份

中国古代主要的社会群体大致可分为士、农、工、商四大类，我们还可以将其归为两大类，就是士和农。士，古代介于大夫和庶民之间的阶层，农，指务农的人。他们构成了古代社会的两大等级主体。就身份地位而言，古代农民看似高于手工业者、商人及其他杂类，排列第二，但被压榨、盘剥的程度却首当其冲。除此以外，农民内部也存在不同的成分，并具有相应的身份特征。根据冯尔康对中国古代农民社会构成及其变化的研究，他从生产劳动和影响社会变化的角度，将中国古代农民划分为自耕农、半自耕农、平民佃农、佃仆、国家佃户、农业佣工、农业奴隶、富裕农民和平民地主9大类（冯尔康，2010）。这9大类农民在农业要素的占有、与政权的关系等方面的差别决定了他们内部身份地位的不同等级。

研究中国古代的农民问题，比较具有代表性的是汉唐时期。根据曹端波的论述，两汉时期的政府对农民的控制相对于春秋时期来说较为松懈。然而，地方豪族利用"势"兼并土地，失去土地的农民不得不依附于豪族，从而沦为其

依附民。在这之后，南朝实行的"土断制度"、北魏实行的"均田制"和"三长制"，即在于限制豪族对土地和人口的控制，国家政权与地方豪族对土地和人口的争夺贯穿于两汉魏晋南北朝时期，其争夺的成败在于两者之间的势力对比变化（曹端波，2008）。

唐宋时期，唐中叶可以说是中国古代社会的分水岭，唐中叶以后的农民与之前的农民在身份上有着质的区别，这与当时的土地制度的转型有着极为密切的关系（曹端波，2007）。"均田制"将农民从对地方豪族的依附中解放出来，培养了小农经济独立的能力，在一定程度上限制了地方豪族对小农经济的侵蚀。同时，商品经济的发展，小农经济独立性增强，农民开始要求国家放松对其人身的控制。这一时期，作为贵者的门阀士族走向衰落，作为保护小农经济的"均田制"完成其历史使命。"均田制"提高了农民的身份地位，然而，农民身份地位的提高反而要求打破这一制度对其人身自由的限制，增强其对土地的产权。"均田制"的崩溃，土地私有制的兴起为农民身份地位的提高提供了更为广阔的前景。

同样是对汉唐农民问题的研究，臧知非则认为我国封建社会的土地制度并非仅限于以往所理解的是私有制，实际情况要复杂得多。历史的实际是，封建社会的土地所有制是私有和国有并存，在不同历史时期二者各不相同，此消彼长（臧知非，2005）。但不管是哪一种观点，汉唐时期无论是在授田，还是占田、均田的名义下，农民在本质上都是国家的课役农，都依附于国家。

明清时期中国进入封建社会的后期，由于生产力发展和阶级斗争形势的变化，这使得土地所有制形式存在若干的差异。一般言之，明清封建土地所有制主要有三种形式：皇帝所有、贵族所有、一般地主所有（森正夫，傅衣凌，杨国桢，2009）。然而，无论是哪一种土地所有形式，对于直接生产者的农民都表现出野蛮性和强制性。但这一时期因土地可以买卖，使得农民具有相对的离土自由，随着生产力的发展，商品生产在农民生产中的比重有所增加，农民成员内部也因此发生了一定的变化。明清时期商品生产比较发达的江南地区，曾发现有些小生产者，从力耕起家，采取直接经营的方式，到后来雇佣工人劳作，自己进行监督。这个时期的农民开始追求生产技术，调整生产关系，以增加收入。

总而言之，农民在整个中国古代社会中始终处于二等公民的地位，这一历史时期的土地所有制、农民与地主、国家政权之间的关系共同形成了中国传统的小农经济。这种传统的小农经济以家庭为生产、生活的基本单位，采用农业和家庭手工业相结合的经济形式，生产出来的产品用于家庭消费或缴纳赋税。

因此，农民成为国家赋税、徭役的主要承担者，维持着这种小农经济的稳定性和落后性。

1840 年鸦片战争爆发，中国的社会性质和社会制度发生了根本改变，几千年来传统的小农经济也开始分解。农村形成了星罗棋布的市镇经济网络，农民被卷入市场，传统的自给性经济向商业性农业转轨，农业种植结构、家庭手工业和农民消费结构发生重大变化，农民家庭手工业的调整与商品化、农作物的调整与商品化开始逐渐形成。然而，这一时期，国家与农民关系的对立乃至破裂成了不争的历史事实，溯其由来，主要是由于近代中央政府对农业、农村和农民的政策失误所致。晚清政府、北洋政府、国民政府所采取的有关政策，既有相同也有不同，但其实质都表现为损下益上、袒护绅富，漠视农民的存在，损害农民的利益（郑起东，2007）。近代国家长期依靠绅士，失去制约的绅权在农村为所欲为，造成了权力的异化。并与绅权合流，反对土地革命，国民政府最终受到了农民革命的惩罚。

二、"合作社农民"：中华人民共和国成立初期的农民身份

1949 年中华人民共和国成立以来，农民身份制度不断发生变迁，在整个变迁过程中，农民每一次身份的转变都与国家社会的发展息息相关，特别是户籍制度和农村土地产权制度的改革，对国家农民身份制度的影响十分深远。

针对这一时期的农民身份，学者对此有着不同的看法。朱程谦和卢福营（1993）认为农民身份经历了三次重大变革：一是从中华人民共和国成立初期到土地改革完成（1949—1952），农民身份从封建主义向个体小农的转变；二是从土地改革完成到农业合作社成立（1953—1956），农民身份从个体小农经济转变为社会主义集体农民；三是从农业合作社完成到十一届三中全会的召开（1957—1978），农民身份由合作化农民转变成了人民公社成员。周作翰、张英洪（2007）指出，中华人民共和国成立初期的农民经历了身份阶级化和结构化的转变，张明霞（2012）认为，中华人民共和国成立以来，农民身份发生两次重大转变，一是新中国成立初期的政治和经济上双重翻身的农民，二是计划集体经济下的国家农民。

综上所述，各位学者对中华人民共和国成立初期的农民身份转变在细节描述上有些差异，但整体都表明在中华人民共和国成立初期，农民身份在很大程度上获得了解放，但同时也被赋予了极强的政治色彩。在这段历史时期中，中国农民的身份发生了两个转变：一是以中国化的马克思主义，主要是毛泽东思想为媒介，从封建蒙昧状态到思想启蒙状态。二是农民的身份以集体的方式被

重新确立起来，农民从分散的状态走到集体的状态，但这种集体化是被动形成的。农民在中国共产党带领下，由中华人民共和国成立前的革命主体转变为中华人民共和国成立后的建设主体，并被纳入人民公社组织中。因此，这一时期的农民身份属于"合作社农民"。1950年8月20日政务院公布的《关于划分农村阶级成分的决定》显示，农民被划分为"地主、富农、中农、贫农、雇农"等政治身份，使得贫农出身的人有一种自豪感，而地主、富农出身的人稍有不慎就可能成为被批斗的对象。这样一来，农民内部出现了基于政治身份下的阶级身份。至此，我国正式建立了"农业户口"和"非农户口"的二元结构的户籍管理制度，户籍定位成为农民身份的主要特征。户籍制度不仅限制了广大农民自由迁徙到城市的权利，而且因其与家庭人口登记、医疗、养老、住房、就业等各方面关联在一起，在农村与城市之间形成了一道高墙，对农村农民的生产生活产生了深远的影响。

三、"市场化小农身份"：当下的农民身份

1978年改革开放以来，国家对农业开始实行家庭联产承包责任制，农民身份迅速发生了变化。农民摆脱人民公社大锅饭的束缚，具备独立的生产经营和自主权，其生产积极性提高，劳动效率也不断提高。国家于1986年颁布政策允许农民自由流动和进城务工，此后，随着社会主义市场经济制度的进一步确立与不断完善，城市建设和工业发展需要大量的农村劳动力。因此，这一时期的农民身份被认为是市场化条件下的小农经济身份，既参与城市建设，又自主经营家庭承包土地，也就是当下的农民身份。

学者对当下的"市场化小农身份"有着不同的看法。宋静（2008）从新制度主义角度分析了国家的农民身份建构体系，主要经历了四个环节："无制度限制、制度约束、制度松动和制度促进"四个环节。同时，在中国的具体国情中，中国农民身份实现了从"农民—农民工"—"产业工人"的转变。周作翰、张英洪（2007）认为，当代的农民经历着身份上的社会化会促使农民身份进一步公民化，即获得与城市居民一样的平等权利，充分参与公共事务，共享国家和社会发展带来的文明成果。赵司空（2011）指出，改革开放以来，农民身份从政治属性转向经济属性，中国农民身份的每一次转变都是在中国社会重大转型下形成的。张明霞（2012）认为改革开放后，中国农民在新农村建设背景下，经历了社会主义市场经济时期的计划农民。

除以上学者以外，华中师范大学的徐勇、邓大才等人还提出了"社会化小农"的概念。他们认为，改革开放之后，中国农民身份虽然发生了深刻的变

化，但农户可耕种的土地规模小、农户的家庭人口数量少，中国农民本质上仍然属于小农经济。"市场化小农"这一概念作为当前农民身份认知的一种视角，也产生了一个基本问题，那就是面对社会化给农户带来的困境，应该如何寻求新的出路。

综上所述，"市场化小农"可定义为小规模农户家庭的各种主要经济行为的决策，这在很大程度上取决于市场力量，其经济行为取决于各种市场导向和社会服务体系及市场交易进程中涉及的各种经济资源的市场化配置。农民的市场化进程反映了农民对市场的参与，农民的生产、消费和交换等基本经济联系越来越依赖于市场的发展趋势。

四、职业化农民：未来的农民身份

进入 21 世纪，我国的农业人口老龄化问题日益凸显，加之现代工业和城镇化进程的加快，其直接后果是对我国的农业发展和粮食安全构成威胁。在农业人口老龄化的背景下确保农业发展、粮食安全的根本途径是实现从传统农业向以土地集中化、生产规模化、经营产业化和科技现代化为特征的农业现代化转型。而要充分实现这一转型，必须依靠人才基础和智力支持，即传统农民向新型职业农民的转变。

2007 年中央一号文件指出"培养新型农民发展农业"。这是党中央首次以一号文件的形式提出现代农业的人才智力支撑是建设现代农业的重中之重。2012 年中央一号文件提出"大力培育新型职业农民"，明确了农民以农业为职业，具备相应的技能，收入来自生产经营。2017 年，农业部关于印发《"十三五"全国新型职业农民培育发展规划》的通知，强调加快培育新型职业农民，造就高素质生产经营者队伍，强化人才对现代农业发展和新农村建设的支撑作用。[①] 党的十九大提出乡村振兴战略，广大农民是主力军，大力培育新型职业农民，促进传统农民向现代职业农民转变。国家顶层设计明确提出"新型职业农民"的概念，标志着农民身份变迁出现了新的转变。

第二节　新型职业农民内涵

"农民"一词在英语中有两个对应单词"farmer""peasant"。这两个英语

---

① http://jiuban.moa.gov.cn/zwllm/ghjh/201701/t20170122_5461506.htm.

单词虽然都是"农民"的含义，但是却存在巨大的差异性。"farmer"是一种职业的概念，它主要是指从事于经营大片土地（farm）的人，与"teacher"（教师）、"fisher"（渔夫）、"diver"（车夫）一致，从法律上讲都是公民，拥有一样的权利，只是职业差异而已。因此"farmer"一词，是没有高低贵贱的等级划分。"peasant"不仅仅是一种职业，更具有社会等级和身份地位的象征意义。"peasant"源自 15 世纪法语单词"païsant"，[①] 带有贬义，指卑贱、举止粗鲁、无教养的人。由于这种"卑贱、粗鲁、无教养"的人，大多数身份低微，主要是从事体力劳动，在近代汉语中逐渐称为小农、佃农、乡下人。因此，"peasant"包含更加丰富的社会地位。2003 年剑桥大学出版社出版的 *From Peasants to Farmers：The Migration from Balestrand，Norway，to the Upper Middle West* 从中可以窥见"farmer"和"peasant"两个词汇的差异。

一、新型职业农民定义

目前，学术界对于"新型职业农民"的界定比较多，但是没有一个权威的论断。比较具有代表性的观点有：朱启臻从责任的角度，认为新型职业农民具有更大的责任范围，与传统农民、兼业农民、工商资本相比，新型职业农民具有更自觉的责任意识和更广泛的责任要求，需要满足农业市场的需求，并且对消费者负责。[②] 朱启臻还指出：新型职业农民有广义与狭义的区分。广义的新型职业农民是指从事与现代农业生产经营相关的从业者，范围比较广泛，涵盖了直接从事农业生产经营的农民，为农业生产提供服务的从业者，如农资、农机、农技、植保、农业经纪人等。实际上广义的新型职业农民涵盖了政府提供农业服务的所有农业社会化服务领域，属于社会服务体系（技术服务和劳动服务）的从业者。狭义的新型职业农民主要是学术概念的理解，即以农业为职业，具有较高素质，收入主要源于农业生产经营的现代农民。[③]

王秀华（2012）将新型职业农民定义为职业化、社会化、流动化和跨区域化的新一代农民。该类职业农民应该具备以下特征：第一，较高的科学文化知识；第二，专业的职业素养技能；第三，现代农业经营能力；第四，高效率的管理能力。[④] 章力建（2014）认为新型职业农民不仅要具有文化能力，更有先

---

① Webster's Ninth New Collegiate Dictionary p. 846，866.
② 朱启臻. 新型职业农民的内涵特征及其地位作用［J］. 中国农业信息，2013，17：16－18.
③ 朱启臻. 新型职业农民的内涵特征及其地位作用［J］. 中国农业信息，2013，17：16－18.
④ 王秀华. 新型职业农民教育管理探索［J］. 管理世界，2012，04：179－180.

进的农业生产理念、农业经营理念和农业生产管理能力，有职业道德、有诚信，具有浓厚的农业生产热情和干劲，并且利用一切可能促使农业报酬最大化。他将新型职业农民划分为"生产经营型、专业技能型和社会服务型"三种类型。① 郭智奇等（2014）提出新型职业农民的内涵，将新型职业农民定义为以生产经营为职业的农业生产人员，需具备相应的职业道德素养、生产技能和科技文化素质等，通过市场竞争获得稳定的收入来源。② 张立国，李芳（2018）认为，目前关于新型职业农民培育的研究主要集中在：一是新型职业农民培育实践研究；二是新型职业农民培育支持体系研究；三是新型职业农民人才培育措施研究；四是新型职业农民培育模式研究。同时，他们提出新型职业农民培育未来的研究方向：首先，进行新型职业农民培育研究深度化发展，包括深度化培育内容、深度化培育理论支持体系。其次，新型职业农民培育方式现代化发展，利用互联网＋转变的方式开发职业农民培育平台，解决职业农民培育不受时空限制的问题，同时，能够建立个性化和数字化的教育体系，开发在线学习平台。再次，新型职业农民培育模式时代化发展；结合互联网发展，积极开展远程移动教育、动态培训等方式，跨越时空限制下培育职业农民综合素质，确保其终身学习能力。最后，新型职业农民培育内容综合化发展，促使培育内容从简单到复杂，培育方式从传统到现代化，经营理念从模糊到明晰，增强职业农民内驱力的培养。张明媚（2018）提出新型职业农民的分类培育策略研究，针对务农农民提出提高其农业生产效益、改善金融服务功能和健全培育体系；针对新生代农民提出改革高等教育体制、完善政策扶持环境、改善农村生产生活环境。③ 徐辉，许泱，李红，常春华（2018）分析了影响新型职业农民培育的因素，包括"个人特征、家庭特征、职业培训、职业农民意愿和农业生产实际"，并提出应将农民作为理性经纪人，充分尊重他们的就业意愿，在培育过程中坚持正确的培育导向，同时积极争取政府的政策支持。④

刘家富，余志刚，崔宁波（2019）提出培育职业农民的核心在于厘清职业农民能力内涵，并建构包含新型职业农民职业能力框架，包括以下维度："职

① 章力建. 加快培育新型职业农民保障我国农产品有效供给和质量安全 [J]. 农业科技管理，2014，01：3-6

② 郭智奇，齐国，杨慧，赵娉等. 培育新型职业农民问题的研究 [J]. 中国职业技术教育，2012，15：7-13.

③ 张明媚. 新型职业农民的分类培育策略探究 [J]. 农业经济，2018，03：85-86.

④ 徐辉，许泱，李红，常春华. 新型职业农民培育影响因素及其精准培育研究——基于7省21县（市、区）63乡（镇）的调研数据 [J]. 江西财经大学学报，2018，03：86-94.

业理解与认识、农民素养与行为、生产能力、管理能力和环保能力"，并一一分析三种职业农民的类型在每一个维度上的能力要求强度。[①] 孔韬（2019）分析了乡村振兴战略背景下新型职业农民培育的基本诉求，提出培育新型职业农民的目的在于实现农业现代化需要、实现社会主义新农村建设、达到社会分工的精细化需要。他提出职业农民培育面临的现实困境包括新型职业农民在培育过程中"目标不明确、培育资源分布不均、培育保障措施不够完善、培育内容不够科学全面、培育方式单一传统"，在此基础上提出职业农民培育要"明确培育规划，做好顶层设计，完善培育机制，做好分工协作，提供相应政策支持，明确制度体系，完善培育内容，搭建培育平台，建构合理的培育模式"等。[②] 崔锐（2018）提出新型职业农民是以农业生产为主，具有一定的农业技能和农业水平，主要收入来源依靠农业经营收益，并且达到一定规模和收益水平的农业从业者。[③]

在国外是没有"新型职业农民"这样的称谓的，一律叫作"职业农民"，英文表述是"farmer"。关于"新型职业农民"这一个概念是中国特有的，是"新型农民"与"职业农民"的有机结合。

综上所述，本书认为职业农民是指这样一类群体，他们区别于传统农民，以农业生产经营为主要收入来源，将此作为长期稳定的职业，并形成一定的规模经营，作为理性经纪人，在市场上获取最大收入报酬。同时，有必要将职业农民与传统农民做一定的区分。二者之间的最大区别在于：传统农民强调的是一种等级秩序，是社会学意义上的身份农民；职业农民是农业产业化乃至现代化过程中必然出现的一种新的职业类型，类似于经济学意义上的理性人。沃尔夫关于职业农民的定义隐喻三个前提条件：一是必须从事农业生产和经营；二是必须以获取经济利润为目的；三是必须作为一种独立的职业。职业农民是伴随工业化和城市化背景下出现的一类新型职业群体，是产业结构调整和工农业分工导致的必然趋势。城市化、工业化、社会经济结构变迁是促进农民身份演进的大背景。职业农民作为一种新型农民，和传统农民对比，其在自身综合素质和社会经济效益两个方面具有其独特性。

[①] 刘家富，余志刚，崔宁波. 新型职业农民的职业能力探析 [J]. 农业经济问题，2019，02：16—23.

[②] 孔韬. 乡村振兴战略背景下新型职业农民培育的困境与出路 [J]. 中国职业技术教育，2019，06：80—85.

[③] 崔锐. 为什么要培育新型职业农民 [J]. 人民论坛，2018，28：80—81.

首先，职业农民具备主观能动性。传统农民的身份是"世袭制"① 下的社会学身份，无法选择。而职业农民通过自主选择，对自身综合素质、经营管理能力、市场介入资源等进行综合分析的基础上做出的独立自主性的判断，并发挥理性经纪人特性，结合市场，自动将其作为终身职业。

其次，职业农民具备自主流动性。传统农民由于世袭制下的社会学身份，与土地资源基本属于绑定关系，相对封闭，不能随意自主流动，而职业农民在利润最大化的利益机制下相机而动，自由流动，它彻底打破传统世袭农民的地域和户籍限制，其来源既可以是当地农民，又可以是外地农民，还可以是城镇居民，甚至是愿意从事农业生产的大学毕业生和职业院校学生，表现出很强的开放性。

最后，职业农民综合素质相对较高。职业农民具有较强的农业知识技能和先进的现代市场经营理念。职业农民作为市场经营主体，是利润最大化的追求者，其在农业生产经营过程中具备完善的市场意识、经营管理意识和较高的信息化水平，伴随市场变化而不断进行自身综合素质的提高，积极推动农业市场化、规模化和集约化经营，并且不断主动学习先进的农业生产技术和经营管理理念，结合市场特色充分发挥职业农民的职业特性。

因此，职业农民与传统农民最大的不同在于其不仅是先进农业科学先进技术的领先者，也是传统农业生产方式的变革者，最终能促进中国农业的快速发展。

二、新型职业农民职业类型划分

关于新型职业农民类型的划分，在学术界有着较多的分类方法，各种方法分类都有侧重。本书结合新型职业农民的内涵要义，将新型职业农民的职业分类划分为三种类型。

第一种类型：专业技术类。专业技术类的新型职业农民主要侧重于依靠劳动力和技术，直接从事农作物的生产、加工和销售。例如农业工人、专业技术能手等。

第二种类型：生产经营类。生产经营类的新型职业农民主要侧重于依靠先进的管理知识和经验，在家庭农场、涉农经济合作社、农业企业、农业科技园区中进行经营管理。例如家庭农场主、农村合作社管理精英。

---

① 在中国农民是一种身份的象征，而并不是真正意义上代表一种职业。

第三种类型：综合服务类。综合服务类的新型职业农民主要侧重于为专业技术型类和生产经营类职业农民提供辅助性的综合服务，诸如信息及时共享、技术理论支持和实际操作、金融支持等服务。例如农村信息员、农机操作手、动植物防疫员等。

三、新型职业农民的职业属性

任何职业都具备自己独特的职业属性，新型职业农民作为涉及面极广的新型职业，首次将务农作为一种职业，其具备自己独特的职业属性。以新型职业农民的含义为基础，本书认为新型职业农民的职业属性至少包含以下几个方面的内容。

（一）职业活动的对象

新型职业农民是涉及众多内容的社会职业，不同类型的新型职业农民的职业活动对象有较大区别。本书依据新型职业农民的三种类型，分别分析其具体的职业活动的对象。

第一，专业技术型的新型职业农民。该类职业农民的职业活动对象主要依靠体力劳动，利用土地资源等自然条件，生产农作物的全过程。例如种粮大户的职业活动对象就是整个粮食生产过程，从育种开始，到耕种，最后收获的全过程。

第二，生产经营型的新型职业农民。该类职业农民的职业活动对象主要是依靠脑力劳动，利用先进的管理知识和经验，在家庭农场、农业科技园区、涉农经济合作组织、农业企业中经营管理的全过程。例如家庭农场主，利用农场资源，管理技术工人，提升管理绩效，实现农场生产经营目标的全过程。

第三，综合服务类的新型职业农民。该类职业农民的职业活动对象主要是依靠体力劳动和脑力劳动，为专业技术型的新型职业农民和生产经营型新型职业农民提供各类有价值的支持服务。例如动植物防疫员，利用所学的科技知识，为其他新型职业农民提供动植物防疫相关的技术性服务的全过程。

（二）职业活动的目标

新型职业农民的职业活动目标与其他职业活动的目标一样，通过自己的体力劳动和脑力劳动获得公平的社会经济报酬，并以此实现自己的人生价值。之所以传统农民希望改变原有的身份象征，其本质原因不仅是工作性质比较辛苦，更重要的是很难获得公平的社会经济报酬。人们对于农民这一角色的偏见，只有随着从事农业生产的新型职业农民可以获得与其他事业相当的社会经济报酬，或者高于社会平均的经济报酬时才有机会发生转变。长期以来中国城乡二元经济分割的格局，也在一定程度上造就和加剧了农民无法获得与城镇职工一样的社会经济报酬的结局。因此，随着经济不断地发展，城乡二元经济格局的打破，新型职业农民同样可以在农村获得相当或者更优质的社会经济报酬。本书也认为获得公平的社会经济报酬是新型职业农民发生质变的核心推动力。

与其他职业一样，新型职业农民作为一种新的职业类别，从事于农业生产经营的新型职业农民，同样可以通过新型职业农民这一特定的职业，实现自己的人生理想和人生价值，在不同的岗位中，成为像技术专家、管理精英一样的专业人士。

（三）职业活动的内容

新型职业农民的职业活动内容与职业活动的对象一样多种多样，不同类型的新型职业农民，所扮演的社会分工角色不同，职业活动的内容也不同。专业技术类新型职业农民的职业活动内容，主要围绕农业生产的过程展开，而且不同阶段活动的内容不同。例如农业生产专业技术型工人在播种之前，需要对土壤进行翻新、除草、整平等，为后续播种做好准备。生产经营型新型职业农民职业活动的内容主要围绕如何有效降低农业生产成本，提高农业产出，捕捉瞬息万变的市场信息，应对各种农业风险。例如农业企业在农业生产之前，就需要招聘选拔合适的农业工人，选择更有效的实施农业生产加工的农作物，制定农业生产的各种目标，管控条件和措施。综合服务型新型职业农民的职业活动内容是围绕农业生产、加工、销售的全过程提供各类服务。例如农机操作手，在农业生产过程中，需要机械设备参与农业生产时，可以聘请专业的农机操作手，对土壤进行翻新，对成熟的农作物进行收割。

（四）职业活动的环境

新型职业农民职业活动的环境主要集中在农村。不同类型的新型职业农民，职业活动的环境有较大区别，但主要集中在农村地区。按照地理区位的不同，有的职业活动在山区的旱地，有的职业活动在平原的农田。按照活动空间不同，有的职业活动在室内，有的职业活动在室外。按照活动时间不同，有的职业活动在白天，有的职业活动在晚上，有的职业活动在春秋季节，也有的职业活动在夏冬季节。因为农业生产受到气候、地理、日照等各方面的因素的影响，新型职业农民的职业活动环境受季节、气候、地理、日常等因素的影响较大。

四、新型职业农民的基本特征

新型职业农民基于传统的社会学身份农民，其具备："有文化、懂技术、会经营、成组织"四大基本特征。[①]

1. "有文化"，是指职业农民具备一定的农业文化知识储备，具备一定的农业生产知识、农业经营管理理念和现代化农业发展的知识水平。无论是农业生产，还是从事农业经营管理，都需要一定的文化知识背景，这是区别于传统农民最鲜明的特征。拥有科普知识，才能适用现代化农业生产的需要，才能在瞬息万变的市场中捕捉农业经营的重要信息。同时，有文化也是新兴职业农民的一个基础特征，有文化的农民才能发展成为懂技术、会经营、成组织的新型职业农民。

2. "懂技术"，是指职业农民具备现代化农业生产经营和规模化经营的相关技术，不断发挥自身主观能动性去实践新的农业技术，运用先进的科学技术和农业技能武装自己的头脑。

3. "会经营"，是指职业农民根据市场需要和消费导向，积极变革经营方式，主动结合市场需求来调整农业生产经营产品、项目、决策和发展等信息。

4. "成组织"，是指新型职业农民参与农业生产、加工、销售等每一个环节，形成利益联结组织，以摆脱我国农业人口多，土地经营分散的现状，形成规模化和集约化经营，使职业农民有组织的发展，最终促进职业农民的组织化发展。

第三节　新型职业农民的职业素质

一、职业素质理论

根据职业素质基础理论，职业素质一般包含显性的职业知识、职业技能和隐性的职业心理、职业动机、职业道德等方面。

---

① 朱启臻，胡方萌. 新型职业农民生成环境的几个问题［J］. 中国农村经济，2016（10）：61－69.

二、职业农民职业素质维度的初步确定

根据职业素质基础理论，职业素质一般包含显性的职业知识、职业技能和隐性的职业心理、职业动机、职业道德等方面。因此，根据此理论，可梳理出能够影响新型职业农民的职业素质，具体操作步骤如下。

首先，依照素质基础理论，将职业农民素质划为"文化素质、思想素质、专业技术素质、法律素质、职业道德素质、经营能力素质、生态环保素质"等七个维度。

其次，结合相关学术研究和各地培育新型职业农民的实践，本书归纳出与新型职业农民素质相关的高频词汇，诸如"会经营、懂技术、有文化、现代意识、会管理、觉悟高、合作意识、守法纪、晓政策、讲文明"等。

再次，将第一步归纳的七个维度与第二步归纳的关键词进行配比，按照职业素质一般性维度对上述这些指标进行归类，如图2-1所示。

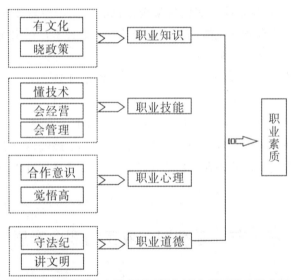

图2-1 新型职业农民素质要求与职业素质维度结合图

第三章　我国新型职业农民培育的基本国情

研究我国新型职业农民的培育，不能脱离我国的农业基本国情。我国农村经济发展不平衡，农业现代化发展缓慢，农村劳动力结构不平衡，农村社会服务体系不完善以及中国特有的小农经济生产方式，这些基本的国情都极大地制约和影响了新型职业农民培育的效果。

第一节　新型职业农民培育的现实背景

一、新型职业农民培育的宏观情况

（一）我国农村劳动力现状及未来发展趋势

国家统计局公布的 2014 年统计年鉴数据显示，截至 2014 年年底全国总人口数为 13.67 亿人，其中农村人口数为 6.19 亿人，农村人口占比为 45.28％，说明我国农村人口总量巨大，农村劳动力资源丰富。但是长久以来，我国农村劳动力也存在诸多突出的问题，比如农村人口老龄化问题突出，结构失衡，总体质量不高等，这些都会在未来相当长的时间内存在，而且这些问题有可能还会加剧。

1. 农村劳动力总量大，未来数量将会逐渐减少。衡量一个国家的城市化发展，主要的指标就是城市化率，即城镇人口占总人口的百分比。随着中国城市化、工业化建设速度的加快，农村人口将会向城市转移。国家统计局 2014 年统计年鉴的数据显示，截至 2014 年年底，中国城镇化比例为 54.7％。[①] 中

[①]　数据来源：根据 2014 年统计年鉴计算。

共中央提出到 2020 年城镇常住人口规模要达到 60％的目标，[①] 而发达国家城镇常住人口比例一般在 74.9％左右，[②] 因此，未来中国农村人口还将大幅度向城市转移，即便是按照 60％的目标计算，截至 2020 年，未来五年时间，农村劳动力至少还有 7100 万左右人口向城市转移。人口和劳动力转移是新型城镇化和农业现代化的基础。因此，虽然目前农村劳动力总量巨大，但是随着农村劳动力不断向城市转移，农村劳动力数量将会逐渐减少。对于农村而言，农村劳动力数量的减少，将会直接导致农业从业人口减少。

2. 农民素质整体偏低，未来短时间内难以改变。"农民素质"是一个比较宽泛的概念，简单说农民素质是指农民所具备的职能、技能、体能、道德水准，以及对社会环境适应性的综合反映。从农业生产的特点和农民行为特征的角度看，农民素质主要是指文化素质、科技素质、经营管理素质、思维道德素质和身体素质等五个部分构成，其中文化素质、科技素质和经营管理素质在农业和农村的发展建设中是关键因素。[③④⑤⑥] 农民是农业发展、农村建设的主角，当前我国"三农问题"突出，其中农民素质偏低是一个关键的影响因素。农民素质整体偏低，主要是因为受教育程度低所引起的，我国目前 15 岁以上的农村文盲占 15 岁以上农村总人口的比重达到了 7.26％。[⑦] 影响农民接受教育的因素有多个方面：国家整体经济实力落后，对农村的教育投资偏少；农民经济收入偏低，对教育方面的投资自然不会太多。因此农民素质发展就容易进入一个恶性循环：经济收入低影响受教育的程度，接受教育不足影响了自身的素质，过低的素质造成提高经济收入不易。张东华和郑威的研究证明：我国农民的文化教育程度到 2025 年时，仅有发达国家 20 世纪 80 年代的水平。[⑧] 因此，农民素质整体偏低，在未来短时间内不会彻底改变，见表 3—1。

---

① 数据来源：《国家新型城镇化规划（2014—2020）》

② 新玉言. 新型城镇化理论发展与前景透析 [M]. 北京：国家行政学院出版社，2013.

③ 张东华，郑威. 我国农民文化素质面临的问题与对策 [J]. 华中农业大学学报（社会科学版），2006，05：38—42.

④ 李水山，黄长春. 绿色证书在中国——焦点问题研究报告 [M]. 北京：中国农业出版社，2001.

⑤ 余永德. 农村教育论 [M]. 北京：人民教育出版社，2000.

⑥ 辛淑荣，吴建军，李忠德，等. 农民素质与农业现代化 [J]. 农业现代化研究，1998，19，（2）：65—68.

⑦ 数据来源：根据全国第六次人口普查数据整理。

⑧ 张东华，郑威. 我国农民文化素质面临的问题与对策 [J]. 华中农业大学学报（社会科学版），2006，05：38—42.

表 3-1　农村 6 岁以上人口受教育程度统计表

受教育程度	男性	女性	合计	所占比重
没有上过学	12826175	31348489	44174664	7.25%
小学	109823110	122245220	232068330	38.06%
初中	151364449	122447770	273812219	44.91%
高中	29167514	17932485	47099999	7.73%
大学专科	5396414	4019037	9415451	1.54%
大学本科	1722565	1299828	3022393	0.50%
研究生	62879	52688	115567	0.02%
合计	310363106	299345517	609708623	——

注：数据来源：根据全国第六次人口普查数据整理。

3. 农村人口老龄化问题突出，未富先老，未来还会加重。根据全国第六次人口普查的数据，中国农村总人口为 6.63 亿人，其中年满 65 岁以上的老年人口为 6667.29 万人，占农村总人口的 10.06%。根据 1956 年联合国《人口老龄化及其社会经济后果》确定的标准，当 65 岁以上的老年人口数量占总人口比率超过 7% 时，意味着该地区已经进入老龄化。以上的这些数据分析仅仅是从纯学术的角度分析，对于农村地区，还得考虑农村的特殊情况。根据《人口科学词典》中关于农村劳动力的定义，中国农村劳动力按照年龄大小、体质强弱分为整劳动力、半劳动力和辅助劳动力。其中男性来说，整劳动力的年龄是 18—55 岁，半劳动力是 16—17 岁；而对女性来说，整劳动力的年龄是 18—55 岁，半劳动力是 16—17 岁和 51—55 岁。辅助劳动力则指除以上劳动力外的少年和老年。对于参与农业生产的人来说，需要的更多是体力，所以不能简单地按照 65 岁计算老年人口的基数，而应该将那些超过 55 岁又不足 65 岁的人视为"老人"，合并计算农村人口老龄化程度。另外，随着农村劳动力大量向城市转移，在这部分转移的人口中，大部分是能够在城市就业获得收入的年轻人，所以能在一定程度上加剧农村人口老龄化。因此，如果将这两个方面的影响因素考虑在内，农村人口老龄化问题更加严重突出。发展趋势显示，农村人口老龄化问题在未来相当长的时间内还会继续加重。

（二）小农经济还将长期存在

"小农经济"是一种农业经济生产方式，更形象的解释是对生产方式"规模"层面的度量描述，也有的学者将小农经济称为"自耕农经济"。中国是一个典型的小农经济国家，小农经济构成了中国农村经济的基础。根据《马克思主义原理词典》中对"小农经济"的释义，小农经济也称为"个体农民经济"，主要是以小块土地私有制为基础，以单个的农户为单位从事农业生产的个体经济方式。恩格斯指出："小农就是小块土地的所有者或租佃者，尤其是指所有者，这个小块土地既不大于他以全家的力量通常情况下能耕种的限度，也不小于足以养活他家口的限度。"小农经济的特点是：第一，生产力水平低下，生产工具落后；第二，土地不仅分散，而且农民拥有的土地少；第三，农民既是土地的所有者，也是土地的实际经营者；第四，生产规模小，抗风险能力弱，主要是自给自足。因此，研究中国的新型职业农民培育问题，不能脱离了对小农经济的农业生产方式的考量。本研究认为还将长期存在的家庭联产承包责任制、土地矛盾、过低的农业规模化经营程度和农业科技发展水平，将会决定小农经济未来还将长期存在。

1. 家庭联产承包责任制未来还会存在。20 世纪 80 年代中国农村推行的家庭联产承包责任制度，是农村土地制度改革的重要转折点。家庭联产承包责任制是国家"按劳分配"的重要体现。在坚持土地社会主义公有制的前提下，农民对土地拥有承包经营权，这对于中国农业的发展具有突出的贡献。1978年十一届三中全会推行土地家庭联产承包制度以来，对于土地的承包期限进行了明确的规定。1984 年中央一号文件指出：土地承包期一般应在十五年以上。1993 年中央十一号文件进一步明确以家庭联产承包为主的责任制和统分结合的双层经营体制是我国农村经济的一项基本制度，要长期稳定，并不断完善，在原定的耕地承包期到期之后，再延长三十年不变。农村家庭联产承包责任制在党的十五大、十六大、十七大得到了继承和延续，提出坚持党在农村的基本政策，长期稳定并不断完善以家庭承包经营为基础、统分结合的双层经营体制。十八大提出要稳定农村土地承包关系并保持长久不变。从国家政策的顶层设计上可以看出，虽然国家鼓励进行土地流转，规模经营，但是以家庭承包责任制为基础的农村土地经营管理体制在短时间内不会改变。以家庭承包为基础的土地经营管理体制，是小农经济得以稳定发展的基础，农村土地管理制度不变，小农经济也将会长期存在。

2. 人多地少的土地矛盾将长期存在。除家庭联产土地承包经营体制将长期保持不变以外，中国人多地少的土地矛盾也将长期存在。中国的国土面积仅次于俄罗斯和加拿大，但是人均土地占有量却低于世界平均水平，人多地少的土地矛盾将会长期存在。王伟新[1]、李谷成[2]等认为当前中国式的小农经济与制度无关，与家庭组织形式无关，是人多地少的土地矛盾不断作用的自然结果，是刚性资源禀赋条件的约束。无论是主要原因还是次要原因，土地矛盾都是中国式小农经济存在和发展的基础条件。城市吸纳农村人口的能力是有限度的，人多地少的基本国情，对于有限的农村土地，如何解决"吃饭"和"生产效率"的问题，或许土地分散化是最好的办法。从这个角度上分析，既然人多地少的土地矛盾还将长期存在，必然使得土地分散在短时间内不会消亡，那么中国式的小农经济也将会长期存在。

3. 农业规模化经营程度和农业科技水平差距短期不会改变。与农村土地实行家庭联产承包责任制同步，为了规避家庭分散经营所带来的低效率，20世纪80年代末期，国家开始鼓励和推行在有条件的地区进行土地流转，进行土地规模化经营。截至目前，我国土地流转面积已经达到了3.8亿亩，占全国耕地面积的28.8%，占全部承包农户总数的26%。[3] 若不考虑当前已经实现的土地流转中存在的问题，仅从这些指标数据来看，实现农业规模化经营还有很长的路要走。同时，与农业发达国家相比，中国的农业发展水平比较落后，这主要集中体现在现代农业科技水平上。据张永杰的研究，我国农业科技水平与西方发达国家至少还有10~15年左右的差距，发达国家农业科技水平对农业的贡献率达到了80%，而我国仅为49%。[4] 过低的农业科技水平，是无法支撑农业规模化、产业化、市场化的协同发展，那么中国式小农经济的农业产生方式在短时间内是不会改变的，今后还将长期存在。

（三）农业现代化水平

农业现代化是世界现代化进程中在农业发展领域中的具体体现。美国著名的经济学家西奥多·舒尔茨在1964年出版的《改造传统农业》中提出：对于发展中国家而言，经济的增长取决于农业能否迅速稳定增长，而传统农业显然不具备这种潜力，因而需要将传统农业改造成为现代农业。[5]

---

① 王伟新，祁春节. "四化"同步与中国小农经济出路 [J]. 农业现代化研究，2014，01：53－56.

② 李谷成，李崇光. 十字路口的农户家庭经营：何去何从 [J]. 经济学家，2012，01：55－63.

③ 瞿长福. 全国土地流转面积到3.8亿亩 "地租"并非越高越好 [EB/OL]. http://finance. sina. com. cn/roll/20150408/071921905262. shtml.

④ 张永杰. 我国农业科技水平的现状与发展策略 [J]. 中国乡镇企业，2011，12：91－93.

⑤ （美）西奥多. W. 舒尔茨. 改造传统农业 [M]. 北京：商务印书馆，1987.

1954 年在第一届全国人民代表大会上，党中央提一次明确提出了要实现工业、农业、交通运输业和国防的四个现代化。随后在 1964 年第三届全国人民代表大会中周恩来提出在二十世纪内，把中国建设成为具有现代农业、现代工业、现代国防、现代科学技术的社会主义国家。自此，以农业现代化为首的"四个现代化"便成为中国社会主义建设的战略目标，逐渐深入人心，并成为全国人民行动的口号。

农业现代化是相对于传统农业而言的，农业现代化是一个动态的过程，随着科技的进步，有更多的现代生产技术手段、管理方式等被引入传统农业生产当中，使得传统的农业生产方式、资源配置得到了创新升级，从而提高了生产率。发展农业现代化，对于确保粮食安全有着重要的作用。对于新型职业农民的组织化培育也将产生重要的影响，具体而言，主要影响体现在以下几个方面：

1. 影响新型职业农民组织化培育的投入。新型职业农民的组织化培育需要国家和社会的投入，而国家经济的发展依赖于农业现代化发展的速度和水平。根据农业现代化水平高的国家，对于职业农民培育方面的资金投入与农业经济发展成正比。当农业现代化水平高，国家经济增长迅速，国库充盈，对于新型职业农民培育方面的投资无财力之忧。反之，若农业现代化发展缓慢，国家经济发展自然滞后，能够用于新型职业农民培育方面的资金就缺乏。因此农业现代化水平会影响新型职业农民组织化培育的资金投入。

2. 影响新型职业农民职业化培育的载体。新型职业农民的组织化培育是依托于各种涉农组织机构。上文的研究分析显示，作为农业现代化主体的农民劳动者，组织化程度是衡量农业现代化水平的一个关键因素。农业现代化建立在现代管理组织理论的体系基础上，农民组织化程度与农业现代化成正比，农业现代化水平高，农民组织化程度高，可为新型职业农民组织化培育提供更多的载体。同时，农业现代化水平越高，培育新型职业农民的各种涉农组织的管理规范性越好，从而提升新型职业农民的效果。

3. 影响新型职业农民职业化发展的意愿。衡量农业现代化水平的关键因素之一是农民的生活水平和生活质量。对于还未成为职业农民或者即将成为职业农民的年轻人，是否愿意通过职业化发展，成为一名职业农民，其发展的意愿来自当前及今后农民生活、生活水平、生活质量。农民生活水平与生活质量与农业现代化水平成正比关系，若农业现代化水平高，农民生活水平高，生活质量高，对于还未成为职业农民或即将成为职业农民的年轻人吸引力足够大。反之，若这种吸引力过小，则会影响他们的判断，放弃成为职业农民的打算，从而选择其他的行业。

4. 影响新型职业农民组织化培育的方式方法。农业现代化是传统农业引入了现代管理的理念和方法，其农业管理的方式方法更加科学合理，更加先进。对于新型职业农民的组织化培育，需要一套完整科学的培育方式方法。高水平的农业现代化，必然会产生高效合理的管理方式。在这种背景下，依靠科学合理的现代化组织理论体系以及管理方式方法，必然会使新型职业农民的组织化培育更加富有成效。

（四）农业社会化服务体系

农业社会化服务体系是涵盖了农业、农村、农民的一个无形网络体系，因此，探究我国新型职业农民组织化培育，不能脱离了这一基本国情。有学者认为农业社会化服务体系是一个国家农业现代化发展水平的重要标志①。所谓农业社会化服务体系，是指农业现代化进程中，随着农业社会化分工越来越细，对于农业生产与发展的需要，政府、社会、市场三方联结组成的服务和组织系统，其目的是更好地解决生产前、生产中、生产后中各类的问题。李春海等认为农业社会化服务是指为农业生产提供社会化服务的成套的组织机构和方法制度的总称。② 1991年发布的《国务院关于加强农业社会化服务体系建设的通知》中明确指出，农业社会化服务，是指包括专业经济技术部门、乡村合作经济组织和社会其他方面为农、林、牧、副、渔各业发展所提供的服务。③ 这是官方发布的最早最全面的界定。

整个农业社会化服务体系依靠各种组织交互作用，并以组织实体为支点，为农业生产经营的主体提供各种社会化服务。赵美玲、马明冲。④ 以及农业部《农业社会化服务组织制度建设研究》课题⑤将我国农业社会化服务组织分为四大类：国家专业经济技术组织、村级集体经济服务组织、农民自办服务组

---

① 高峰，赵密霞. 美国，日本，法国农业社会化服务体系的比较 [J]. 世界农业，2014，04：35－39.

② 李春海. 新型农业社会化服务体系：运行机理、现实约束与建设路径 [J]. 经济问题探索，2011，12：76－80

③ 中华人民共和国农业部. 国务院关于加强农业社会化服务体系建设的通知 [EB/OL]. http://www.moa.gov.cn/zwllm/zcfg/flfg/200601/t20060120_539606.html.

④ 赵美玲，马明冲. 我国新型农业社会化服务组织发展现状与路径探析 [J]. 广西社会科学，2013，02：111－115.

⑤ 农业部政策体改法规司《农业社会化服务组织制度建设研究》课题组. 农业社会化服务组织制度建设研究 [J]. 经济研究参考，1992，Z1：40－55.

织、农村联营联合服务组织。

第一类，国家专业经济技术组织。国家专业经济技术服务组织是农业社会化服务的主要参与组织，由国家相关涉农部委建立，免费为农业提供各类技术、经济、信息服务。这类组织服务的水平高，公益性的性质很受农民欢迎。国家专业经济技术组织包含水产、种植、畜牧、资金、信息方面的服务内容。随着国家经济的高速发展，我国国家专业经济技术服务的范围越来越广泛，内容也越来越多，初步形成了"中央—省—县—乡镇"的四级服务组织。

第二类，村级集体经济服务组织。村级集体经济服务组织是指依托村级集体经济实体逐渐发展起来的，主要为村级内部农民提供各类物资、良种、机具、农业灌溉等农业服务。与国家专业技术组织不同的是，村级集体经济服务组织依靠村级集体经济而开展各类服务，服务的项目、水平、质量有限。村级集体经济服务组织受控于村级集体经济，因此村级集体经济强和弱直接影响村级集体经济服务组织的发展。

第三类，农民自办服务组织。农民自办服务组织主要是农民自发、自助、自主建立的服务组织。与国家专业经济技术组织与村级集体经济服务组织不同，农民自办服务组织没有专门的资金来源，纯粹是农民"抱团式"产生的服务组织，往往由种粮大户、技术能手等组成，为小范围的农户提供各种技术性的支持。这种服务组织提供的服务内容极其有限，具有"自我管理、自我发展"的特性。

第四类，农村联营联合服务组织。农村联营联合服务组织的组织形式比较复杂，形式多样，主要是农户与企事业单位，与集体经济组织等按照"平等、资源、互惠互利"的原则建立起来的组织。农村联营联合服务组织，近年来涌现出多种组织形式，如"企业＋农户"（图2-1），这种组织形式下，农户可以通过龙头企业获取先进的种植技术、资金等各种服务。再如"村委会＋龙头企业"（图3-2），这种组织形式中，通过土地流转，农户可以发展订单式农业，在村委会的介入下，能够让农户拥有更多的自主权，能够从龙头企业处获得更好的技术、信息、资金方面的支持。又如"村委会＋龙头企业＋农业股份合作社"（图3-3），这种组织形式中，农户以土地入股，在村委会的组织下通过招商引资，与龙头企业联营在一起，农户不仅可以获得更高的收益，同时通过企业获取先进的生产、种植、管理、经营知识，更好的抵御市场风险和自然风险。以上三种只是比较常见的三种农村联营联合服务组织，各种组织形式均有各自的优缺点，因此也需要因地制宜。

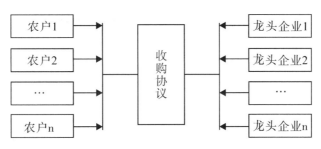

图 3-1 "企业＋农户"组织形式示意图

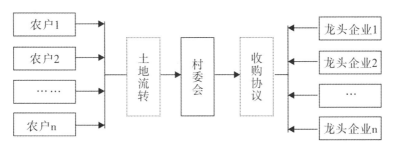

图 3-2 "村委会＋龙头企业"组织形式示意图

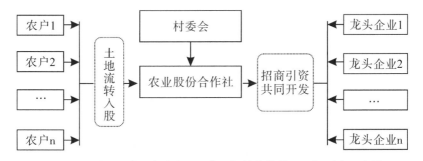

图 3-3 "村委会＋龙头企业＋农业股份合作社"组织形式示意图

二、新型职业农民培育的现状分析

（一）政策框架

关于新型职业农民培育方面的政策，在国家层面目前有四个，分别是2012 年 8 月颁布的《新型职业农民培育试点工作方案》、2013 年 6 月颁布的《关于新型职业农民培育试点工作的指导意见》、2014 年 2 月颁布的《关于促进家庭农场发展的指导意见》、2015 年 6 月颁布的《关于统筹开展新型职业农民和农村实用人才认定工作的通知》。四个政策的主要内容见表 2。

表 3-2　国家层面关于新型职业农民培育的政策

年份	政策文件	主要内容
2012 年 8 月	《新型职业农民培育试点工作方案》	1. 确定新型职业农民培育试点的总体思路、原则和目标 2. 新型职业农民培育试点任务：探索培育模式、探索认定管理办法、探索政策扶持体系 3. 提出试点的规模和条件 4. 确定新型职业农民培育试点的时间节点和进度安排
2013 年 6 月	《关于新型职业农民培育试点工作的指导意见》	1. 要求进一步认识新型职业农民的重要性和紧迫性，指出新型职业农民的配型及内涵特征，明确试点培育的目标任务 2. 明确通过建立农民教育培训制度、探索农业后继者培养途径及新型职业农民教育培训体系，构建新型职业农民教育培训制度 3. 明确新型职业农民认定管理的基本原则和认定管理办法 4. 明确通过研究扶持政策并落实政策来探索新型职业农民扶持政策体系
2014 年 2 月	《关于促进家庭农场发展的指导意见》	1. 明确了现阶段家庭农场的基本特征 2. 明确了家庭农场认定资格 3. 提出承包土地可以向家庭农场流转 4. 要求制定家庭农场扶持政策，强化家庭农场的社会化服务并完善家庭农场的人才支撑政策 5. 要求家庭农场不断提高组织化程度
2015 年 6 月	《关于统筹开展新型职业农民和农村实用人才认定工作的通知》	1. 强调新型职业农民认定的重要性和紧迫性 2. 明确新型职业农民认定的指导思想和原则：政府主导，农民自愿；突出重点，统筹推进；因地制宜，分类认定 3. 明确新型职业农民认定的主要任务：制定认定办法、明确认定标准、规范认定程序、认定技能型和专业服务型职业农民统计、规范证书发放、完善管理服务 4. 明确新型职业农民认定的保障措施：组织领导、政策扶持体系、宣传总结

从表 3-2 可以直观看出，国家层面对新型职业农民方面的扶持政策并不多，从 2012 年中央一号文件正式提出大力培育新型职业农民至今，在四年的时间里，国家出台的政策比较宏观，政策主要是围绕新型职业农民培育的方向和要求，对于具体的扶持细则并未过多涉及，这也是为了各个省市可以结合自身的农业实际情况，制定更加适宜本地发展的新型职业农民政策。

（二）培育的主要方式

关于新型职业农民的培育方式，国内各地涌现出多种模式。早在 2009 年周波就曾专门梳理过如何构建培育新型农民的有效模式，他总结并提出五种模式：第一种是政策模式，主要依赖政府的政策引导；第二种是培训模式，依托于不同的培训主体和培训形式；第三种是品牌模式，靠品牌的建设和相关产业的带动发展；第四种模式是监督模式，采用"培训券"的方式，让农民自主选择培训内容，让培训更加公开透明；第五种是服务模式，主要是对农民工进行跟踪、指导和维权服务。[①] 虽然这些模式如今看来，在分类方面存在较大问题，但是却系统地梳理了关于农民培训方面的途径。2014 年何思源提出职业农民分为三种模式：政府推动模式、政企推动模式、市场推动模式。[②] 这种分类方式主要是以培养的主体为标准，但界定模糊且笼统。

本研究结合我国各地目前涌现出各式各样的新型职业农民培育案例，将我国新型职业农民的培育方式梳理如下：按照培育的主体来分，可以将现阶段我国新型职业农民的培育方式分为：政府主导型、涉农企业主导型、科研院校主导型、农协组织主导型。按照培育的政策措施来分，现阶段我国新型职业农民的培育方式为三合一，即教育培育、认定管理、政策扶持相结合。按照培育内容区分，可以将我国现阶段的新型职业农民的培育方式分为：以生产经营为主、以专业技能为主和以社会服务为主的集中培育方式。按照培育的形式不同，可以将现阶段我国新型职业农民培育方式分为：集中授课型、现场指导型，以及集中授课与现场指导相结合型。

（三）培育的成效

1. 基本建成了新型职业农民的培育体系。2012 年中央一号文件发布之后，为了贯彻落实一号文件的精神，农业部于 2012 年 8 月 1 日印发《新型职业农民培育试点工作方案的通知》，在全国选择有代表性的 100 个县开展试点工作，重点围绕新型职业农民培育的模式、新型职业农民的认定管理办法、新型职业农民的政策支持体系三项主要工作，每个试点培育新型职业农民 500～1000 人。经过三年的试点，目前我国基本已经建成了"三位一体、三类协同、三级贯通"的新型职业农民培育体系。其中，"三位一体"是指在培育环节，综合运用教育培训、认定管理、政策扶持培养新型职业农民人才队伍；"三类协同"是指培育对象，国家已经明确将新型职业农民分为：生产经营型、专业技能型和社会服务型三个类型，全面综合覆盖农业生产的全部过程，差异的新

① 周波. 构建职业教育培育新型农民能力的有效模式 [J]. 湖湘三农论坛，2009，10：518-522.

② 何思源. 职业农民培育典型模式研究 [D]. 成都：西南财经大学，2014.

型职业农民采取差异化的培育方式；"三级贯通"指培育成果运用，农业部2015年6月12日发布《农业部关于统筹开展新型职业农民和农村实用人才认定工作的通知》，明确了新型职业农民的认定条件、认定标准、认定程序、认定主体、承办机构、相关责任，并将新型职业农民划分为初、中、高三个标准，在培育过程中，形成"三级贯通"。①

2. 形成了家庭农场、农业企业、农民专业合作社等培育主体。2014年2月24日农业部发布《农业部关于促进家庭农场发展的指导意见》，明确提出将家庭农场经营者纳入新型职业农民、农村实用人才、"阳光工程"等培育计划。农业部的统计数据显示，目前全国家庭农场总数达到了87.7万家。②另据农业部统计，截至2016年6月，全国依法登记的农民专业合作社达到了166.9万家，覆盖全国42.7%的农民，③已经可以辐射带动1.26亿农户，④成为新型职业农民的有效培育不可或缺的力量。农业企业更是达到了12.9万家，⑤以安徽荃银高科、隆平高科、中化化肥、金正大集团等与农业主管部门联合，共建信息、技术、政策、平台等，共同培育新型职业农民。以家庭农场、农业企业、农民专业合作社为主的各类培育主体，数量庞大，拥有得天独厚的各类资源优势，已经逐渐清晰和明确地成为新型职业农民的培育主体，成为新型职业农民培育不可或缺的部分。

3. 新型职业农民的培育已经初具规模，并持续增长。随着国家和地方政府对新型职业农民培育工作的高度重视，一批批高素质的新型职业农民正在涌现。他们来自种养大户、家庭农场主、农民专业合作社领办人等，为农业现代化的发展注入了新鲜的血液。目前农业部入库的新型职业农民已经达到了100多万，在这些新型职业农民中，年龄结构上18—45岁的占了53.65%，45—60岁的占44.40%，学历层次上高中（含中专）的占23.1%，大专及以上的占4.95%。目前已经成为新型职业农民的这个人群中，呈现学历逐渐偏高、年龄逐渐偏小的发展趋势。另据农业部统计数据显示，仅2015年在现代青年农场主培养计划中，有1.7万人在网上提交申请，有12662人被列为重点培养

---

① 农业部科技教育司. 加快构建新型职业农民政策扶持体系 [N]. 农民日报，2014－10－18，第3版。

② 对十二届全国人大四次会议第5258号建议的答复。

③ 政协十二届全国委员会第四次会议第0966号（农林水利类100号）提案答复摘要。

④ 对十二届全国人大四次会议第2616号建议的答复。

⑤ 关于政协十二届全国委员会第四次会议第0293号（农业水利类023号）提案答复的函。

对象。① 为了加大科研院所对新型职业农民的培育力度，2015年新修订的《普通高等学校高等职业教育（专科）专业目录》中新设了作物生产技术、种子生产与经营、现代农业技术等19个涉农专业，仅2016年，全国113所高职高专学校拟招生12455人，② 对口培育新型职业农民。全国的新型职业农民群体已经具备了一定的规模，并且还在持续增长，为今后的新型职业农民提供了很好经验借鉴。

4. 资金投入逐年增加，并已形成国家和地方政府的联动机制，对人才的教育培养离不开资金的投入。2012年启动新型职业农民培育政策以来，中央财政就开始安排专项资金用于大力支持新型职业农民的培育工作。2004年起，以农业部为主导的推行农村劳动力"阳光工程"，中央财政每年投入11亿元用于农业技能培育。2014年农业部将原来的"阳光工程"培训全面转型升级为新型职业农民的培育，中央财政投入直接转化为新型职业农民培育的资金。在中央政府的带动下，地方财政也投入了大量的资金用于培育新型职业农民，仅2014年和2015年，两年时间地方政府共投入10多亿资金，培育200万新型职业农民。③ 为了进一步提供新型职业农民培育的补助标准，提升培育质量，2016年中央财政将对新型职业农民的培育的配套资金增加至13.9亿元，增长幅度达到26.4％。④ 国家和地方政府的高度重视，促进了中央财政和地方财政对新型职业农民的支持力度增加，从而形成了良好的国家和地方政府联动机制，为新型职业农民的培育奠定了坚实的基础。

三、新型职业农民培育存在的主要问题

2012年中央一号文件正式颁布以后，在国家和地方政府的大力推动下，全国各地对于新型职业农民的培育得到迅猛发展。目前我国新型职业农民的培育呈现以下特点。

（一）在培育水平上，整体处于较低层次

目前我国新型职业农民的培育在全国大力推进，但是在培育的水平上，整体还处于较低的层次。首先，从目前各地涌现出来的典型案例可以看出，对于

---

① 关于政协十二届全国委员会第四次会议第0997号（农业水利类103号）提案答复的函。
② 政协十二届全国委员会第四次会议第1761号（农业水利类166号）提案答复摘要。
③ 十二届全国人大四次会议第9497号建议答复摘要。
④ 对十二届全国人大四次会议第4519号建议的答复。

新型职业农民的培育是由政府主导，确立了一部分职业农民培育对象，并且主要采取教育培训的方式，对种养大户、专业农机操作手、农村经纪人等进行认定管理，在"培育"方面所做的工作比较欠缺。其次，目前对于新型职业农民的培育主要是以生产经营型和专业技能型为主，对于社会服务型的职业农民少有提及。最后，已经被认定为新型职业农民的这一部分人群，对于"农民"这一身份的认同感并不强烈。

（二）在培育的方式上，整体处于探索阶段

虽然国家和地方政府都在大力推进新型职业农民的培育，对于新型职业农民的培育方式方法上，全国各地涌现出各式各样的案例样本。例如：四川崇州的农业职业经理人模式、浙江宁波"法人"型家庭农场模式、宁波大学生务农就业模式、上海松江区村集体统一发包的家庭规模经营农场模式等。虽然这些涌现出来的"明星模式"被全国人民所熟知，但是从全国整体层面看，我国新型职业农民的培育仍然处于探索阶段。各地的农业资源差异较大，没有一个适用全国的通用模板，各地地方政府也在大力推动探索出适宜于本地的一套行之有效的办法。无论是科研院校培训，还是农田实地传授，抑或是农业企业农业工人培训，目前还存在较多的问题，都处于探索阶段。农业的弱势，较低的务农收入，较差的社会福利等造就了职业农民这一行业的特殊性，因此对于新型职业农民的培育，还有很长的路要走。

（三）在培育速度上，整体处于参差不齐的状况

2012 年中央一号文件发布至今，全国各地对于新型职业农民的培育如火如荼，也取得了较好的成绩，截至目前，全国家庭农场 87.7 万家、农民专业合作社 166.9 万家、各类龙头企业 12.9 万个，形成了一支发展现代农业有门路、带动农户能力强的人才队伍。[①] 但是整体上各地培育新型职业农民的速度参差不齐，山西、上海、江苏、四川、安徽、湖南、广西、云南、陕西等 9 个省市，对于新型职业农民的培育走在全国的前列，这主要得益于地方政府的高度重视，除了快速响应农业部关于大力培育新型职业农民的号召以外，这些省市还专门以省委省政府的名义颁布了培育新型职业农民的专门文件，对于新型职业农民的培育结合自身省市农业发展的状况，进行全部的部署。例如山西省政府印发《山西省新型职业农民培育规划纲要（2015—2020 年）》，并且还将

---

① 关于政协十二届全国委员会第四次会议第 0293 号（农业水利类 023 号）提案答复的函。

新型职业农民的培育纳入省委省政府为农民办事的五件实事之一。

第二节　新型职业农民培育的现实意义

一、培育新型职业农民是我国发展现代农业的需要

近年来，随着乡村振兴战略的实施，一系列强农惠农富农政策的陆续出台，我国农业发展面临着前所未有的良好契机，但由于农业的比较收入相对较低，大量农村劳动力选择外出务工，以家庭为单位的传统的农业生产方式面临着严峻的挑战。党的十八大以来，支持现代农业发展的文件不断得到落实。党的十八大、十九大报告强调农业建设的重要性。目前，针对如何推进现代农业建设提出了"六个用"，即"用现代物质条件装备农业，用现代科学技术改造农业，用现代产业体系提升农业，用现代经营形式推进农业，用现代发展理念引领农业，用培养新型农民发展农业"。这"六个用"指出了推进现代农业建设的六条途径。2008年党的十七届三中全会对到2020年农村发展改革的目标任务做出了重大部署，对推进现代农业建设，提高农牧业综合生产能力进行了全面阐述。2009年中央一号文件指出，要强化现代农业物质支撑和服务体系，加快农业科技创新步伐，加快推进农业机械化。2010年中央一号文件强调要提高现代农业装备水平，促进农业发展方式转变。2012年中央一号文件指出现代农业的发展要依托高科技技术。《全国现代农业发展规划（2011—2015年）》指出要加快推进现代农业的发展，到2015年，现代农业建设取得明显进展，东部沿海、大城市郊区和大型垦区等条件较好区域率先基本实现农业现代化。2018年中央一号文件提出《中共中央关于实施乡村振兴战略的意见》，提出农业农村农民问题是关系国计民生的根本性问题。由此可见，我国现代农业的发展有中央各项政策的大力支持，为实现农业现代化打牢了政策基础。但从目前来看，我国农业发展还处于欠发达阶段，发展水平不高，以家庭为单位的传统的农业生产仍然是主流方式，如何推动农业生产的转型升级是未来农业发展的前进方向。

传统农业基于传统经验，而现代农业则是广泛依托现代先进科学技术、科学的管理方法，促进农业集约化、产业化、社会化、科技化和市场化，这也说明现代农业的主要特点是以市场需求为导向，采用先进的生产技术、经营方式、管理方法和管理手段，把农业生产的产前组织、生产过程和产后服务有效

组织起来，形成比较完善的产业链条，并且通过社会分工，实现农业生产系统与其他经济社会系统相结合，在农业产业链的各个环节获得各种社会服务和支持，并最终提供满足市场需求的农产品。

传统农业在向现代化农业的转变过程中，农民是农业生产中的主观能动者，在农业产业转型升级之后，现代农民工种分工越来越细、专业性越来越强、技术越来越高，这就要求农民不断提升自己的文化水平和学习能力，掌握现代农业科技知识和专业技能，能够操作先进的农业机械设备，了解市场信息，善于进行管理。因此，现代农业发展的人才基础和主体是新型职业农民，培育新型职业农民就是培育现代农业的现实和未来。

当前我国的农民主体仍然是传统小农，有文化、懂技术、会经营、善管理、能创业的新型职业农民群体尚未形成。（1）我国农村适龄劳动力文化水平整体偏低，学历以初中水平以下为主。（2）农民职业化程度较低。2011年国家统计局公布的第一产业就业人口为 2.66 亿，扣除城镇从事第一产业的 360 万人之后，农村从事第一产业的就业人数约为 2.62 亿，目前每年能够接受系统培训的只有 1000 万人左右，现有的"阳光工程"每年只能培训 300 万人，覆盖面还不到 5%，平均 1000 名农业劳动力中才有农业技术人员 6.4 人，我国受过职业技术教育和培训的农业劳动力占全部农业劳动力的比重不足 20%。由此可见，对新型职业农民的培育是提高农民素质，实现农业现代化的必要手段，培育新型职业农民就是培育现代农业发展的主体，是培育现代农业发展的现实和未来，是发展现代农业的前提条件和现实需要。

二、培育新型职业农民是应对农业人口老龄化，保障粮食安全的需要

随着社会经济的不断发展，大量农村土地荒芜，适龄农村劳动力大量转移到城市，我国农业从业人口老龄化问题日益凸显，其直接后果是导致农业发展滞后，粮食安全问题得不到保障。因此，面临农业从业人口日益老龄化的问题，要实现粮食安全生产，确保农业稳定发展，其根本途径在于使传统农业向现代农业转型升级，而实现这一转型的人才基础和智力支持则是传统农民向职业农民的转变。

国际劳工组织关于老年劳动力的标准年龄为 45 岁及以上。目前，我国面临着老年劳动力占比逐年提高，45 岁以上农业劳动力比重由 2008 年的 55.78% 提高到 2010 年的 59.09%。另外，2006 年第二次全国农业普查数据显示，50 岁以上的农业从业人员上升为 32.5%，较 1996 年第一次全国农业普查

提高了 14.4％，平均每年增长 1.44％。这一数据到 2010 年已经达到 40％，这些数据均表明我国的农业从业人口老龄化趋势已经日益显现。造成农业从业人口老龄化趋势的主要有两方面原因：一是我国整体的人口老龄化大背景，因此，农业从业人口也随之面临日益老龄化的局面；二是农业适龄劳动力，尤其是大量青壮年劳动力普遍外流，进一步加剧了农村老龄劳动力大量留守。第二次全国农业普查数据显示，农村外出从业劳动力共 13181 万人。其中，20 岁以下占 16.1％；21—30 岁占 36.5％；31—40 岁占 29.5％；41—50 岁占 12.8％；51 岁以上占 5.1％。可见，21—40 岁的青壮年劳动力是农村外出从业劳动力的主力军，其比重超过了 3/5，而且，农业劳动力外流的趋势还将进一步延续。国家统计局发布的《2012 年全国农民工监测调查报告》显示，我国农民工总数达到 26261 万人，比上年增加 983 万人，其中外出农民工 16336 万人，增加了 473 万人，增长 3％；本地农民工 9925 万人，增加 510 万人，增长 5.4％。按此预测我国农民工的总量还在以每年 900 万～1000 万的速度递增。另有相关研究指出：农村劳动力流出每增长 1％，农业劳动力老龄化就会上升 0.067％，因此，我国农业劳动力老龄化将每年以 0.201％的速度增长。

在农业人口老龄化、适龄劳动力持续减少的情况下，要保证粮食生产保收增收，必须不断提升农业生产技术，不断升级农业产业，实现农业从传统经验操作向现代农业转变，提升农业科技含量，促进农业产出率和收益率，并且培养一支具有一定规模，稳定的农业生产"继承人"。实现这一目的的根本途径就是培育掌握农业科技知识和专业技能，以农业生产为长期甚至终身职业的新型职业农民。

三、培育新型职业农民是构建新型农业经营体系的需要

党的十八大报告、十九大报告和连续几年的中央一号文件提出要构建"集约化、专业化、组织化、社会化"等相结合的新型农业经营体系，推动农业从传统向现代的转变和升级。农业经营体系不断进行革新，诸如养殖大户、种粮大户、专业合作社和家庭农场等，这种将农村社会化服务体系等相结合的新型农业经营体系，在现代农业发展中越来越普遍。

目前，我国农业经营主体是以个体承包经营为主的农民单一个体，而随着未来新型农业的发展，今后我国农业的新型经营主体，从组织形态来看是龙头企业、家庭农场、合作社等，从个体形态看是新型职业农民。新型职业农民是"有文化、懂技术、会经营、成组织"的，以农业生产、经营、服务为其职业选择的职业化农民，是推动新型农业经营体系发展的核心动力。因此，新型职

业农民作为各类新型经营主体的基本要素和组成细胞，对于构建新型农业经营体系并促进其集约化、专业化、组织化和社会化发展，将发挥着主观能动性，起到主体性作用。

新型职业农民，尤其是种植业大户和农机操作手，一般都拥有大型的农业机械，并且能熟练地运用这些物质装备进行农业生产，这些是进行规模化生产的必要条件。而集约化则是指把一定数量的劳动力和生产资料集中投入到较少的土地上，采用集约经营方式进行生产，通过应用先进的农业技术措施来增加农业品产量的农业。显然这要求农业生产者必须具备相应的能力来运用先进的农业技术措施。

新型职业农民的另一大特征是组织化。传统农民的生产方式往往是分散和随意的，主要通过家庭内部进行分工，较少依托外界的农业社会化服务，其规模化、组织化程度不高，组织能力低，难以满足新型农业经营体系组织化发展的目标。相反，新型职业农民规模化和组织化程度高，不同类型的职业农民专注于农业生产中生产、销售、管理、市场等某一环节，其专业性强，分工协作，符合新型农业经营体系组织化的发展目标。此外，职业农民是市场理性经纪人，其最大的目标是尽可能多地获得劳动报酬，其生产目标以市场导向，其生产产品往往为了匹配市场不断提出新的需求，同时，为了降低市场带来的风险及不确定性，他们需掌握最新的信息和足够的资源。因此，新型职业农民与涉农经济组织联合起来是必然的选择。涉农经济组织可以为新型农民提供市场新动向和新需求，因此，职业农民联合起来形成家庭农场、农业企业、农民专业合作社、农业科技园、农业产业园等新型农业经营体系，成组织地投身于农业生产、经营、服务各个环节，不仅自己从中受益，而且在客观上促进了农业新型经营体系的组织化进程。

四、培育新型职业农民为加快推进城乡统筹和新型城镇化创造条件

培育职业农民有利于加快城乡统筹的步伐。首先，培育职业农民有利于促进城乡劳动力的自由流动。要实现统筹城乡发展，就要打破城乡户籍制度，实现城乡劳动力的统筹，促进劳动力在城乡之间的自由流动。培育职业农民，不仅可以提高农业生产效率，从而转移出更多的农村劳动力到城市发展，而且可以提高农民的职业化程度，实现农民由身份象征向职业化的转变，提高农业、农村的吸引力，从而吸引有文化、有技术、会经营、也懂管理的城市劳动力向农业转移，推进现代农业的发展，保障粮食安全。其次，培育职业农民可以推

进农业产业结构调整。新型职业农民是具备较高的文化水平和学习能力，掌握现代农业科技知识和转移技能，能够操作使用先进的农业机械设备，并且了解市场信息，善于经营管理的职业人群，他们分布于农业产业链的不同环节，从事精细、专业化的工作，有利于农业生产经营由传统的粗放型经营向专业化、精细化和规模化经营，推进农业产业结构的调整和现代农业的发展。最后，培育职业农民有利于提高农民收入，繁荣农村经济，缩小城乡差距，促进城乡统筹发展。通过对职业农民的培育，一方面，可以提高农民对农业机械化的操作技能，提高农业产出率；另一方面，可以提高农民在农业经营、农产品销售和服务方面的技能，加快城乡统筹发展。

培育职业农民为新型城镇化创造条件。土地流转和户籍制度改革是新型城镇化的关键，培育职业农民有利于实现农地的集中使用和流转，也有利于将农民变成产业工人，打破户籍制度的限制。首先，新型城镇化的发展，要破除土地制度的障碍，实现土地配置的市场化、农村土地的资本化。通过培育职业农民能够提高农民利用农业机械的能力，从而转移出更多的农村劳动力，有利于土地的集中利用和使用权的流转。其次，新型城镇化关键是实现人的城镇化，其核心是将农民变成产业工人。对职业农民的培育就是要实现农民从传统的农民向职业农民的转化，职业农民不再是一种身份象征而是和城市产业工人一样的职业群体，他们有文化、有技术、会经营，也懂管理，以市场需求为导向，以营利为目的，具有较高的收入，能够负担得起和城市工人一样的缴费义务，也能够享受和城市工人一样的待遇水平，对职业农民的培育能够让农民迅速地融入城市，极大地减小城镇化的阻碍。最后，培育职业农民能够提高农业生产率，保障粮食安全，进而为农村剩余劳动力转移、为城镇化和城乡一体化解决后顾之忧。

第三节　新型职业农民培育的主要方向

新型职业农民培育需匹配"有文化、懂技术、会经营、成组织"等四个基本特征。新型职业农民培育需结合这四个特征出发，分别从"专业化、产业化和组织化"三个方面展开。

一、专业化培育

对任何一类职业群体而言，专业化都是职业化的基础。新型职业农民的培育应将其基本特征和当前农业农民的发展现状结合起来，分区域、分层次、分对象对新型职业农民进行专业化培育。

（一）分区域培育

我国农业生产地区地貌差异较大，既有平原地区，也有丘陵山地地区，农业生产存在明显的地区差异性。因此，在对职业农民进行专业化培育过程中，应充分考虑到当地地势地貌，向职业农民有针对性地传授相应的农业知识和农业技能。例如，平原地区地势平坦，土地相对集中，且其交通运输、水利水电等基础设施发展较为完善，这些地区往往成为粮食主产区。与此同时，平原地区往往人口较密集，人均耕地量较少。因此，结合以上特征，可组织平原地区职业农民进行组织化、规模化和机械化生产，培育的重点集中在生产和机械化领域的职业农民，如种粮大户、家庭农场主、农机操作手、农业企业家及产业工人、农业合作组织管理人员等；在丘陵地区，地势高低起伏，整体海拔较低，坡度较缓，往往由于地下水和地表水供给而水量较为丰富，一般不适合发展规模化和产业化农业，但适合发展特色化农业，可重点培育与特色农业相关的职业农民，如农作物保育员、大棚蔬菜种植员、园林员等；而在山区，由于地形崎岖，交通基础设施落后、水资源相对稀缺，一般不适合规模化和特色化农业的发展，因此可重点培育与种养殖技术等相关的职业农民，如动植物防疫预防、林业技术培育、山地观光旅游等服务相关的职业农民的培育。

（二）分层次培育

当前我国新型职业农民的来源主体多元化，在家庭背景、年龄结构、文化素质、知识技能等方面的差异较大。因此，有必要对职业农民所需的农业生产经营知识技能进行分层培训。职业农民培育所需的知识技能一般划分为三个层次：一是基础知识，例如基础农业教育所涉及的农业文化知识、农业政策方针、农业科技文化知识及常用的技术常识等。二是专业知识与技能，即根据农业生产中过程中所涉及的关于生产、加工、包装及运输环节的具体需求，开展专业性知识和技能培训。三是核心管理能力，包括农产品生产加工、物流管理、经营销售和售后服务管理等方面，这一层次的培训主要针对服务类型的职业农民，如专业合作社服务人员、农副产品经纪人等。

（三）分对象培育

我国新型职业农民按照职业类型被划分为"生产技能型、经营管理型和技术服务型"三类，应针对每一种类型进行分对象培育。首先，通过农技培训班与实践相结合的方式，将传统的农民培育成生产型的职业农民；其次，通过农业技术职业学院等方式培养技术服务型的职业农民。该类职业农民分为几个阶段，对于初具生产型职业农民基本素质者，可以进行深化培训，进一步取得职业农民证书；对于已经获得职业农民资格证书的农民，则注重后续经营管理和服务等能力的培育。最后，针对经营管理型职业农民，可通过相应的农业人才引进优惠政策等吸引有志于促进农业发展的高素质人才加入，同时大力发展中高等农业职业院校定向培养该类高素质农业从业人才。

二、产业化培育

职业农民依托现代农业、面向市场从事生产经营，因此其培育既要与地方特色农业发展相结合，又要以市场为导向。

（一）以地方特色农业的培育

新型职业农民往往是专业化和职业化的象征，在培育过程中，依托当地的主导农业和特色农业培育与之相关的各种知识技能和核心能力等是主导方向之一。例如，平原地区农业发展具备规模化、机械化和集约化等特点，重点培育新型职业农民规模化经营所具备的各种知识能力，如农产品生产加工能力、机械化操作能力、农业服务能力等方面的培育。而在山区具备独特的农牧林资源、旅游观光资源和矿产资源，可充分利用山区的这些优势特色发展农村休闲旅游、生态种养殖业等，有针对性地对职业农民进行相关的培育。

（二）以市场为导向的培育

现代农业的发展往往以市场导向为需求，新型职业农民需要改变传统小农经济自给自足的生产经营方式，转变为以市场经营为导向的产业规模化经营。因此，职业农民需要被培育为懂经营、善管理、具备市场理性经纪人的新型市场经营主体。

所以，有针对性地培育新型职业农民的市场参与和竞争意识，主动结合市场需求进行培育；培育其市场经营、管理和主动决策的能力；同时面对瞬息万变的市场，主动提高农产品生产加工、经营管理的创新水平和市场匹配度，培养全局性的、战略性的市场思维，不断在实践过程中提升职业农民的各种市场适应能力。

三、组织化培育

为了适应现代农业规模化和社会化的特征，应该在新型职业农民培育的过程中强调其组织化培育的路径。

（一）新型职业农民合作的必要性

传统农民的生产方式规模小，生产封闭、经营分散，其职业分工以家庭为单位，限于家庭内部进行，与外界脱节，缺乏组织能力，市场化服务需求缺失。因此其组织意愿和组织能力较弱，难以满足和匹配现代化农业的发展。同时，新型职业农民专注于农业生产、加工、物流、经营和管理的每个环节，对每一个环节又细化出明确的职业分工。因此，新型职业农民的组织化要求较高。此外，新型职业农民为应对市场瞬息变化的需求，作为理性经济人最大限度地获取报酬，降低交易风险，职业农民须随时掌握足够的信息和资源，才能达到组织化的发展，因此，要求职业农民必须进行合作和联合，进行组织化精神和组织化知识能力等的培育。

（二）农业经济组织是新型职业农民培育的重要载体

新型职业农民朝着市场化方向发展是其关键的一个环节。农业经济组织通过市场，将市场和农业生产对接起来。依托农业经济组织的抗风险能力，单个职业农民通过农业经济组织获得信息，抵御生产风险，依托农业经济组织进行销售、流通，从而提高职业农民参与市场化的程度。此外，新型职业农民有别于传统农民的本质属性决定了其在产业化、规模化、市场化水平要求较高。某些以土地规模化、集约化和机械化经营为特征的地区会率先出现新型职业农民，因而进一步促进了农业经济组织开展各种新型职业农民培育工作。除此之外，农业经济组织的成立往往匹配当地的具体农业产业链和农业销售网来构建，不仅符合当地农业发展的实际情况，且与当地农民的农业生产密切相关，因此以农业经济组织为载体培育新型职业农民可以做到有的放矢，避免培育方式与实践脱节。

第四章　新型职业农民培育的国际经验

新型职业农民是农业现代化的产物。农民掌握了现代农业生产经营的专业知识和技能，具有市场导向和自主选择，从事生产、管理、服务等专业工作，追求相应劳动报酬的基本特征。培育新型职业农民是构建新型农业管理体制的基本要求，也是解决现阶段"弱化"中国农业劳动力问题的重要途径。在中国新型职业农民培育实践的现实下，研究不同国家培育职业农民的基本条件和经验，可为我国新型职业农民的培育提供参考。该研究将重点关注美国、英国和日本等发达国家，以及韩国、印度和新加坡等新兴国家，并总结其发展模式，为中国新型职业农民的培育提供参考。

第一节　发达国家职业农民培训条件分析

一、发达的现代化农业产业化体系

美国农业是一种高效农业，拥有先进的科学技术和科技设备。与我国的农业形成鲜明对比的是，美国农业经营具有高度的专业性、技术性和信息化等优势。17世纪初，美国农业开始进入商品化阶段，其生产扩大到加工和销售。到现如今，美国农业与国民经济其他领域相结合，农业产业体系不断完善和升级，其产业链逐步扩大，生产体系进一步升级，形成生产、加工、销售为一体的循环体系，大力支持农业生产，促进了农业的发展。从传统的"以人工为主的畜牧业半机械化、机械化、农业机械化"的积极转变，使农民劳动生产率显著提高，从而开放了世界市场，为美国农业现代化的进一步发现提供了更广阔的空间。

日本人口多，土地少，小农户的私有制盛行，土地广泛分布在小农户中。但值得注意的是，从明治维新到19世纪70年代，日本采取了一系列改革措施,如土地改革,建立农业合作组织,促进农业技术进步,来加快农业发展进程,促进农业生产力的快速发展。从那时起,日本进入了机械化和科学种植的时期,农业机械趋向于大规模、高效的现代农业。

二、完善的土地制度与规模化经营

美国实行农民土地私有制,土地使用权和所有权都归农民所有。因此,没有小规模的农民经济。最重要的是房地产市场体系健全,所有土地都是要计算成本的。在政策范围内,农民可以自由购买、出售、出租和抵押土地,这在一定程度上促进了农民大规模生产,为农产品市场的发展繁荣提供了保障。美国实施区域土地管理,将农业生产区划分为奶酪带和玉米带等九个区域,使农业生产呈现高度专业化。此外,还实施了农业科技推广、农业信贷、农业保险、税收优惠等一系列政策,鼓励农民参与市场竞争,促进美国职业农民的发展。

英国是一个非常重视农业现代管理的国家。在农业现代化发展过程中国家通过立法促进土地租赁和抵押起到了显著的效果。根据法律规定,农业用地划分成了四个专业农业区。在农业政策方面,英国采用农业技术推广、价格保护和补贴政策等扶持性政策。英国政府高度重视农业生产技术的进步,引导和鼓励集约化管理发展。农业差别补贴的数量取决于每个农场的种植面积和销售额。这种模式引领英国产业农场逐步走上了规模化、商品化的道路。

日本农业的特点是分散管理,人口和土地减少。因此,日本政府通过行政和立法手段,大力保护和促进农业用地转让,创造了良好的市场环境。与美国和英国不同,日本还鼓励建立农民合作组织,通过农民合作组织促进农地转让。农民合作组织不仅促进了农民的合作,而且成为农地转移过程中最重要的媒介,为农民和农业发展提供了有效保障。

三、成熟的现代化农民教育培训体系

通过一系列法案,美国建立了具有研究、教育和晋升特点的农民教育培训体系。美国的法律规定,农民培训由国家农业教育和培训机构来统筹协调。目前,美国有两种培训方式:一类是不在公立学校就读的,有成年农民和就读于当地夜校的高中教师。大部分培训时间是在农闲和冬季。第二,公立学校的培训。对象一般是青年学生和中青年农民,这是其主要形式。

为了加强农民职业技能培训,英国实施国家农业职业资格考试制度和职业准入制度。例如向熟练农业工人颁发国家农业证书,向熟练农场工人颁发一般国家证书或在农场外的其他农业部门工作，并向农民颁发国家级先进农业证书（杨延平，2008 年）。

日本农民的教育和培训由国家统一规划，并在农业部门和有关部门的指导下协调进行。自明治维新起，日本农业教育已经形成从低到高的五个层次，分别是农业教师教育、农业预科学校教育、农业高等教育、农业大学教育和本科教育，培养农业教师和人才转移。

四、小结：发达国家职业农民培训的基本模式

发达国家职业农民的形成具有以下特点：一是实行规模经营。发达国家的土地私有制的基础是规模、集约化管理。虽然日本农民自己没有大量的土地，但他们通过农民合作组织集中土地，实现规模经营，从而提供农业产量。其次，众所周知，日本的义务教育和人民受文化程度较高，这为新型职业农民的发展培育提供了肥沃的土壤。

美国和英国的职业农民的形成也是从农民身份到农民专业的过程。资本主义经济体制影响了传统农业的发展，促进了农民身份的改变。虽然日本职业农民的形成不同于美国和英国，但他们也经历了农业现代化的不断发展和农业结构的升级。如图 4－1 所示为发达国家职业农民的发展模式。

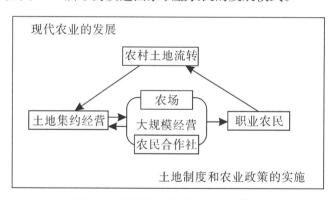

图 4－1　发达国家职业农民发展模式

第二节 新兴国家职业农民发展条件分析

一、增加劳动力和农业科技投入，打破土地限制

与发达国家相比，新兴经济体国家的现代农业发展速度相对缓慢，发展水平较低。在 20 世纪 60 年代，农业机械化标志着韩国农业走向现代化道路。在科学技术的推动下，农业机械化、电气化、信息化终于完成，韩国正式成为现代农业大国。为了增加农业产出和农民收入，印度与我国的做法相似，通过发起绿色革命，实施了农业发展的"制度战略"和"技术战略"。作为一个城市经济国家，新加坡的农业只占国民经济的一小部分。由于自然资源稀缺等原因，新加坡的农产品不得不依赖进口。此外，因地域的狭小，随着城市化的不断发展，耕地面积逐渐减少，新加坡的农业越来越不堪重负。有鉴于此，新加坡依托高科技实施城市农业，建设现代化的农业科技园区和农业生物科技园区，实现农业高产值。截至目前，城市农业已成为其现代农业发展的核心。

二、农业合作组织促进土地集约化经营

在韩国，农民拥有自由购买和出售土地的权力。这使得他们更容易集中经营。同时，韩国有大量的农民组织或农民协会，为农民提供法律咨询，医疗，生产和流通以及农业信贷等多种便利的服务。通过这些组织，农民可以获得更多的市场信息，保障生产经营资金，实现集约经营。在印度，绝大多数拥有大量耕地的人口是少数大土地所有者，而绝大多数小农户的土地很少。为了突破对土地管理规模的限制，印度大力支持和指导农业合作，并鼓励建立农业合作组织。农业合作组织（ACO）是印度弱势群体改善其社会地位有力主体。在新加坡，70%左右的土地受政府控制，特别是城市土地的开发和使用基本上由政府说了算。这种以有限的土地资源和城市农业为载体，通过农业科技园区和农业生物技术园区为农民提供生产和发展基地的模式，实施土地资源的集约化，提高土地资源的有效使用。

三、建立适合本国国情的职业农民培训体系

总的来说，在培训新兴国家的职业农民方面，政府的作用不可忽略。政府通过立法立规的方式来保障职业农民的发展培育。政府在立法立规时，注重根

据不同层次、不同地形的农业特点，对不同层次、不同方向、不同目标的农民进行培训和开发。在这方面，我们可以学习和借鉴韩国。

韩国主要以农业合作组织——农业协会为主体进行培训。在这一思想的指导下，开展了热爱农村、培养新知识农业人才、传承优秀农业和农村传统文化等活动，以满足各级农民的需要和教育培训的需要。

目前，韩国已在中央农业协会教育学院，农业协会大学，农业协会师范教育学院和地方教育研究所的基础上，形成了新的农业技术教育培训体系。除政府和一些私立学校外，这是大多数农业教育和农民教育的责任。农业联合大学主要培训农村经济组织的基层员工和管理人员，并提供农业协会员工班，农业协会会员班、农产品营销班、农业科技班等课程。教学内容包括农产品流通、企业管理、金融信贷、农业协会组织与管理、新兴农业生产技术等。

四、小结：新兴经济体国家职业农民发展的基本模式

农业现代化与本国国情密切相关。在合作社的帮助下，农民可以获得全面的市场信息，为农民提供更好的职业培训，实现小规模经营；新兴经济体国家的职业农民培育具有以下特点：一是通过农业合作组织开展小规模经营。二是通过农民组织，来实现更好的技术培训和更高的专业化程度。

新兴国家的大多数农民需要政府和农民合作组织的帮助和支持，专注于土地开发和适度规模经营，并将其转变为职业农民。因此，新兴国家职业农民的发展模式如图4-2所示。

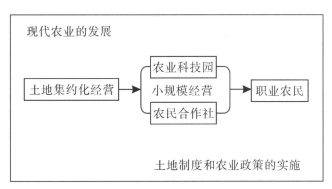

图4-2　新兴经济体职业农民发展模式

第三节　发达国家农业中介组织的实践及启示

近年来在我国开始出现的农村经纪人新群体是西方国家没有的。在西方，没有农村经纪人这样的术语，农村经纪人所做的工作是由中介组织承担的。2005 年，为中国农村经纪人的培育和发展提供参考，促进我国农业的发展，以农业部为主的中国政府部门走访法国、荷兰、西班牙等欧洲国家，参观并了解农业发展状况，了解农业发展中介组织的活动和运作过程，为农村经纪人的出现打下了基础。同时，日本农业协会与美国工农业的融合对我国农村经纪人的培育和发展具有一定的借鉴意义。

一、荷兰农业中介组织的发展现状

荷兰是一个国土面积小、人口密集的小国，特殊的地理环境决定了他们不一样的农业发展道路。荷兰的农业相对靠近城市，园艺和乳制品行业的发展更加突出。其中，园艺和乳品工业生产的花卉和乳制品大部分销往城市，如果每个农民自己把农产品运到城市，那么昂贵的运费会给他们带来很大的麻烦。在此背景下，农业生产产业化趋势应运而生。农业生产产业化模式的具体形式是市场与农民、合作社和农民联系在一起，企业与农民联系在一起。

第一种模式是将市场与农民联系起来的商业模式。主要有两种形式。一是农民根据质量标准对产品进行分类，分类和包装。买方按规则投标，高出价者获得产品，市场内部系统自动结算贷款，并在交易后分发产品，高交易效率是这个市场的最大优势。二是超市与农民的联系方式。

第二种模式是农业合作社与农民之间的联系。农业合作社允许农民在农业生产中产生技术问题，可以很好地交流和传授经验。同时，农业合作社可以统一加工和销售农产品，使农业合作社不仅能够帮助农民找到分配渠道，降低农产品销售难度，而且可以帮助农业合作社的农民。收取一定比例的费用。在荷兰，农业合作社在农产品销售中的作用是不可替代的。可以看出，荷兰的农业发展主要通过农业合作社与农民和市场相关。农民依靠农业合作社提供技术咨询和生产激励。同时，农产品由农业合作社加工，统一销售，帮助农民提供可靠的顾客，帮助农民销售农产品。市场是通过农业合作社来筹集的。提供质量可靠的货物。因此，农业合作社的作用与中国农村经纪人的作用相似。

第三种模式是公司直接与一些大农户打交道。这样，农民就可以直接参与到每一个交易过程中。但这种模式的发展速度在荷兰没有前两种模式那么快。

因此，荷兰农业发展模式主要通过上述三个拍卖市场或农业合作社实现。通过这种方式，农民可以直接参与每个交易过程，为双方提供可靠的信息，提高交易的成功率。

二、法国的农业中介组织的发展现状

19 世纪末和 20 世纪初，法国农业合作社开始迅速发展。从简单的生产方法，生产过程中的技术指导，以及农产品的销售。

家庭管理是法国农业生产的主要方式，这种模式的缺点是缺乏横向沟通。随着市场经济的不断发展，单个农民由于缺乏信息而无法及时获取市场信息。结果，家庭农产品的生产与市场需求不相适应，阻碍了农业经济的发展。农业合作社的出现通过加强农民之间的横向和纵向交流解决了这个问题。合作社在保持原有农业家庭农场生产经营的前提下，根据生产、供销的纵向契约关系，推动以市场为导向的家庭农场农业现代化。需要肯定的是，这一机制防止了单一家庭农场生产的盲目性，提高了产品质量，降低了生产成本。

法国农业部门设有专门机构来监督和管理农业合作社。

三、西班牙的农业中介组织的发展现状

西班牙的陆地总面积超过 500000 平方公里。耕地占 37%，平原和牧场占 32%，农业人口 2600 万，占总人口的 6.3%，农业增加值约占国内生产总值的 5%。该协会在西班牙的农业生产中发挥着重要作用。该协会的作用是在收集市场信息的同时为成员提供生产过程各个方面的指导。使农民与市场之间进行良好的信息沟通，协会主要是政府与果农之间的纽带。此外，协会还接受了政府有关部门的委托，开展行业统计，政策宣传等工作。很明显，在西班牙农业发展的过程中，政府的作用是不可磨灭的，他们为各种组织提供一定数额的财政支持，同时也有一定程度的管理。

四、日本的农业中介组织的发展现状

日本农业协会的全称是日本农业合作社联盟。这个组织的宗旨是建立一个更好的社区，实现农民在日常生产生活中的互助合作。农业协会密切联系联合体农民，对联合体成员在生产和生活中遇到的管理和技术问题给予指导和建设性建议。同时，他们共同购买生产和生活资料，共同使用农业生产和生活设

施,最终共同销售农产品。此外,农业协会还从事信贷和保险活动。近年来,日本农业协会的规模不断扩大,逐步开展了初级农场、老年人福利、农民与购物中心和社区连接等活动。

日本农业协会的成员分为正式成员和准成员。非农民他们只要遵守相关的规则和程序,认购支付一定的投资就可以加入协会成为准会员,并享有与正式会员使用协会设施和设备的同等权利。

今天,日本农业协会几乎覆盖了日本的每个角落。它指导成员的生产和生活,开展信贷和保险业务,还会提供医疗服务,确保会员的健康,开展养老福利事业、农村建设、资产管理和设施更新等工作,使会员安享晚年。日本农业协会涉及面广,为其成员的日常生活提供了各种保障。

五、美国的农业中介组织的发展现状

美国农业,工业和商业一体化有三种主要形式:农业综合企业、合同管理企业和农业合作社。

前两种整合组织被称为垂直整合,农业和工业企业,也被称为农业公司,是一种完全垂直的整合。它们将农业生产材料的供应,农业生产本身以及农产品的加工和销售用于生产和管理。农业是这个综合体的生产单位。签约企业是签订农产品合同的大公司以及工商运输业公司。在这种组合形式中,每种农产品归属不同,它们主要依照合同进行合作,这种形式是由法律保障的,明确界定双方的权利和义务,并确定受访公司与各种农产品之间的关系。

农业合作被称为农业、工商业的横向一体化,这种组织主要由农民组成,农民在日常生产经营中必须有自己的合作社购买生产资料。农产品必须通过合作社销售。然后,根据每个农民在合作社中所占份额的大小,可以获得相应的利润。

随着美国市场经济的发展,除了上述三种形式的农业、工业和商业一体化之外,乳品和罐头工业也出现了另一种类型的合资企业,它由一家大型垄断公司和一家农业合作社经营。在这种合资企业中,农业公司经营者可以为大公司提供稳定的货源,保证原材料质量;大公司可以为农业合作社提供财务、技术和管理支持,以确保在销售市场中实现互利共赢。

第四节　发达国家农村经纪人的经验

在西方发达国家,专业化的农村经纪人组织很少,但在相对完善的市场经

济体制下，他们作为农产品流通的中介组织做得很好。这些中介组织更加专业，具有相对完整、规范的体系来指导其管理和运营。

一、农工业一体化的发展

荷兰畜牧业的快速发展离不开工业的带动作用，一方面，产业组织从全国各地收集廉价原料，发展畜牧业，促进畜牧业发展；另一方面，处理他们收集的动物产品并在全世界销售。荷兰的工农业相互依存，工业的发展促进了农业的发展。

二、建立农业合作社

改革开放以来，中国实行了经济体制改革，特别是农村经济体制改革。家庭联产承包责任制解放了农村劳动力，对促进农村经济发展起到了一定的作用。但是，农户承包的农业生产方式导致了农村经济小规模生产的发展和农业生产经营的集中生产。随着市场经济的发展，分散独立的农业生产不断扩大，不能适应市场经济内在需要，使城乡收入差距越来越大。因此，我们可以借鉴法国合作社的经验，成立农业合作社，加强农民对农村组织的依存度，加强农民与市场的联系，以此促进农业可持续发展。

法国农业合作社自成立以来，高度重视其法律性质，并根据合作社在各个阶段的特点和需要，不断完善相应的法律制度。在中国，尽管《中华人民共和国农业法》有关于建立农村合作社的立法，但该法仍处于起步阶段。在实践中，农业合作社的许多方面权益都得不到法律保护，发展道路十分曲折，政府应根据各阶段农业合作社发展的需要，不断完善相关法律法规，维护农业合作社的法律地位，确保农业合作社可持续发展。

此外，在法国农业合作组织中，政府在促使合作组织成员发挥主导作用方面发挥了主导作用。但在中国农业合作组织中，政府却扮演着自上而下推动其发展的发起人作用，由于政府定位不当和过度干预，违背了建立合作组织的初衷。因此，我国农村经纪人组织的培育和发展应从法国农村合作社接受教训，不要过多干预农村经纪人对合作社的管理和运作。这样，政府也会有更多的时间和精力在其他方面为农村提供服务。

三、建立政府扶持下的服务组织

政府部门为农业发展提供基础性服务，支持和培育各种农业协会的发展，基于它们有足够的发展条件和资源,为它们更好地发展农业、提供技术、引进技术以及促进交易双方的买卖交易的签约率提供保障。

四、建立自愿参与,政府扶持的经纪协会

(一)农民自愿参与的热情

日本农业协会的出现和良好发展离不开农民的积极参与。日本农业协会是一个公益性组织,它把分散的农民联系在一起,联合销售农产品,增加农民收入,获得了农民的支持。以农业协会为代表的农村合作组织在农民和市场之间发挥桥梁作用,使农民的日常生产围绕市场需求进行产业化经营。农业产业化,不是农民直接进入农业市场,而是通过中介组织——农业协会的间接参与,实现了农产品标准化、专业化生产。日本所独有的"公司+农业协会+农民"的产业化经营模式不仅可以保证原材料的质量和原材料的稳定供应,而且可为农民的收入提供一定的保障。

(二)政府政策和法律支持

法律法规的不断完善促进了农业科学协会的蓬勃发展。"农业协同组合法"的颁布确立了日本农业协会的法律地位,使协会的活动受法律保护。在获得法律保护的同时,日本农业协会也得到了政府的大力支持。农业协会可以很好地协助政府处理。同时,日本独特的分级管理制度为农民向政府反映自己的意见提供了多种渠道,帮助政府提出可靠的政策建议。在很大程度上,日本政府为农业的发展提供了巨大的财政支持和优惠的财政政策。因此,日本政府显然将成为农业协会发展的坚强后盾。

(三)重视科技教育与人才培养

全国农业协会农政体育组织联盟主任宋刚公明甚至提出了"农业协会运动始于教育,终于教育"的思想。日本中央政府在中央领导成立了农业协会中央学院,在地方全国范围内,建立了40多所高等院校和各类研究中心。同时,也重视科学技术对农业发展的重要性,传播新的科学技术知识和农业科技成果,全面系统地对农民进行培训,培养大批农业科技人才。

中国农业发展与日本相似,人均土地面积小,实行家庭生产经营模式。如何在家庭承包制背景下促进我国农业的发展?为了更好地适应市场需求,为了增加农民收入,面对国际竞争,我们可以借鉴日本农业协会的成功经验,并根

据中国的具体情况，在中国的农业生产合作组织中，建立有中国特色的农村经纪人协会。同时，随着农村经纪人协会的发展，政府应明确其作用，制定相关法律法规，确保农村经纪人协会的法律地位。在这方面，日本政府制定的优惠政策协助农协的发展对我国的农村经纪人协会具有一定的参考意义。与日本相比，中国农村合作组织存在一定差距，农民发展与农业经纪人协会存在一定差距。因此，我国政府可以通过各种优惠政策和政策补贴来支持农村合作组织的发展。这种组织模式有利于保证原材料的稳定供应和原材料的质量，同时保证农产品的销售。

五、工农贸一体化组织

美国农业、工业和贸易一体化组织的发展与美国的资本主义制度和计划经济制度密不可分。虽然在综合组织发展的过程中，社会生产的无计划性和一体化企业的矛盾是不可调和的。但是，农业和工业一体化的组织形式仍然值得学习。

发达国家农业中介组织的成功发展，对当地农业的发展起到了重要作用。总结这几种经纪组织得以发展的共性有：首先，这些地区的经纪机构的发展受到了法律的保护。在其发展过程中，法律法规为其发展提供了保障；其次，是经纪机构的发展，强有力的政府支持是必不可少的；最后，服务功能的拓展和经纪业务的发展不断扩大。

第五节　对我国培养新型职业农民的启示

农产品流通是影响中国农业发展的重要因素。通过总结发达国家农业发展的成功经验，可以发现大力培育和发展在农民与市场之间起桥梁作用的中介组织是非常必要的。在我国农业发展中，中介组织是农村经纪人，根据上述国家农业中介合作组织的发展模式，对我国农村经纪人的培育和发展的影响如下：

首先，了解农村经纪人在农业发展中的作用，大力培育和发展农村经纪人。农村经纪人在农业市场经济发展中的作用不容忽视。我们可以根据不同的发展条件，引导部分有意愿、有能力的农民自发组织起来，加入各地的农村中间商行列。在起步阶段，可以发展各种类型的灵活的农村经纪人。当经纪业务发展到一定阶段，农村经纪人将在农业产业化的同时得到发展。

其次，发展农村经纪人和农业协会的合作关系。在农业发展高度专业化的地方，可以建立农村经纪人协会或合作经纪人组织。组织同类型农村经纪人进行经验和信息的交流，同时可以提高农村经纪人经纪业务的能力和抵御市场风险的能力。

最后，要提高农村经纪人的整体素质。在我国由于农村经纪人大多是从农村发展起来的，人员素质参差不齐，教育水平低。政府部门可以有针对性地开展经纪行业相关培训，提高经纪人业务能力、谈判技巧，增强法律意识。当经纪人在业务活动发生争议时，他们可以运用法律武器来保护他们的合法权益。

一、社会分工和劳动分化是职业农民发展的根本动力

职业是社会分工与劳动分化的产物，通常与工业或工业有关，强调产业分工与合作，作为专业"农民"也不例外。根据发达国家市场经济的历史经验，"农民"从认同到职业的演变与工业化，城市化和市场化等经济社会结构的变化密切相关。因此，职业农民形成和发展的实质是从"身份"向"职业"的转变。

二、现代农业的发展是职业农民形成的前提

国外经验表明，随着工业化的发展，大规模的机械设备和高科技应用于农业生产。大规模生产的实现大大提高了农产品的生产效率。农业生产的机械化和规模使农民或单位无法完成农业生产和管理的各个方面。专业化和社会化已成为农业发展的大趋势。农业内部产业结构更加分化，生产过程更加细化，农产品种类更加多样化。按照规模，农业产业化和专业化，传统农民从事小规模生产，放弃"小而完整"的生产模式。重点关联农业产业链的一些环节，实现专业化分工和相互合作，导致专业分化为职业农民。

三、土地的流转、集中于规模经营是职业农民发展的基础性条件

现代职业农民是理性的经纪人，他们通过从事农业生产来追求自己的利益。因此，有必要吸引人们投资农业，使其成为一项长期业务。要实现现代农业的资本化，即将资金、技术、知识、管理等要素吸收到农业中，优化土地和劳动力等传统生产要素的分配。这需要土地集中、规模管理和其他生产要素的有效吸收，而土地管理的集中和规模取决于土地的自由流动。

四、农业经济组织是职业农民发展的重要平台和载体

第一，农业经济组织能够有效组织农民，实行自我管理，自我服务，自我发展，提高农民竞争力。第二，农业经济组织可以充分发挥其作为土地流转中介的作用，并作为帮助农民与政府和市场沟通的中介。第三，农业经济组织的发展要求农民进一步提高生产和管理的技能和专业化，组织中的作用已从"被动"转变为"主动"。这促进了职业农民的职业分化和专业化。第四，农业经济组织是农民职业教育和技能培训的重要平台。因此，通过农业经济组织的教育培训体系，我们可以充分了解农民的需求，开展有针对性，规模化，有组织的专业培训。

五、农民职业教育培训是职业农民发展的重要途径

第一，根据国外经验，接受与农业生产，管理和服务相关的知识教育和技能培训不仅是农民专业化的必要过程，也是农民成为专业群体的象征。发达国家和新兴经济体为农民建立了良好的职业教育和培训体系。第二，内容多样化，面对农民的需求。根据不同需求，针对不同层次的农民进行有针对性的培训；第三，培训方法应多样化，结合短期和长期培训，知识和技能，系统教育和专业培训。第四，大力支持农民的教育和培训，主要是在法律、资金、政策和服务方面为培训机构和农民提供支持。第五，建立专业的农民准入制度，颁发相应的农民资格证书，突出农民的职业素质，强化农民作为专业群体的社会认同。

第六节　英国新型职业农民的认定

英国是最早实现农业现代化的国家之一，也是最早实行职业农民认证制度的国家之一，为英国农业打开了全新的"认证时代"。

一、英国新型职业农民身份的认定标准

英国职业农民认证制度几乎覆盖全国所有的农业。1986年英国国家职业资格委员会成立，总共设立了15类职业农民资格证书，共分为两个系列："农业技术教育证书和农民职业培训证书"。其中：农业技术教育证书包含："农业工程师证书、家禽技师证书、农业技师证书和食品技师证书"四种。农民职业

培训证书包括："农业机械证书、农业工程证书，农场管理证书，奶牛养殖证书，养禽证书、畜牧证书、林业证书、农场秘书证书、园艺证书、庭院证书等11种。"无论何种证书，主要考察常规操作能力、专业技术能力、管理能力、综合素质。每一类证书等级划分五个级别，每个级别都有严格明确的认定标准，见表5—1。

表5—1　英国新型职业农民资格证书的类型和标准

证书等级	认定标准	职务名称
一级证书	具备从事一定范围内的常规工作的应对能力	半熟练工人
二级证书	具备从事较大范围内非常规、负责工作的应对能力	熟练工人
三级证书	具备从事广泛领域内复杂多变、非常规工作的能力，以及对其他工作人员的工作进行监督、协调和指导	技术员；初级管理员
四级证书	具备在广泛领域从事复杂、多样和高度专业化的技术工作的能力	工程师；高级技术员；中级管理员
五级证书	基本原理和复杂的技术的独立运用能力；独立分析、决策、计划、执行和工作结果评估的能力	工程师；高级工程师；中高级管理员

二、英国新型职业农民资格认定的教育培训与考核

英国政府高度重视职业农民的职业培训和资格认证，制定了完整的培训流程和严格的考核制度。

首先，英国国家高度重视职业农民培训基地的质量建设，形成了规模庞大的培训基地，为英国职业农民教育培训提供了重要的保障。其次，英国职业农民培训十分重视培训课程的开发，学校根据不同职业的技能要求设计不同的课程，将理论与实践相结合，培训课程需要认证机构的严格审查。例如，在哈德罗学院的课程设置中，70%是实践课程，30%是理论课程。斯巴霍尔特学院提供农业、动物管理、林业、渔业、农业机械和体育方面的培训课程，注重培训内容与行业实践相结合，采取生产实习、现场实习、行业专家访问等方法。最后，英国职业农民培训证书考试统一由全国职业农民培训学校进行考试。考试是由农民，教师和农业工人代表组成的考试委员会举行，考试设定了一定的淘汰率，淘汰率约为20%，学生只有通过考试才能获得。

三、英国新型职业农民资格认定的认证机构及程序

英国职业农民资格认定机构是一个自上而下的中央地方管理系统，划分为

四个层次：第一，国家职业资格标准认定委员会，是制定专业资格，标准，政策和监督检查文件的最高机构；第二，行业标准委员会，负责专业标准的制定和发展，并在全国范围内推广。第三，证书审查委员会，负责审查，颁发，审查和颁发证书，发证机关的资格三年内为一审。第四，地方培训和教育机构，负责组织管理培训，企业和政府各承担一般责任。例如：国家农业园艺及相关行业考试委员会负责农业、园艺及相关行业的考试和资格认证。

英国职业农民资格认证程序由 14 家认证机构负责，主要采取日常评价、理论考试、实践考核、理论与实践相结合等方式进行。具体的考核形式包括笔试、面试、随机小课题等。

四、英国新型国职业农民资格认定的保障措施

英国专门颁布了《农业培训法》，这是英国实施职业农民培训的最高法律依据，也是重要的实施准则。通过该培训法的颁布，英国建立了完整的培训和认证制度，确保职业农民认证工作的顺利开展。同时，英国政府还提供了财政支持，实施专项的培训基金和补贴政策。农业局从政府设立的专门的培训基金中支付职业农民上课期间的工资。职业农民无须支付任何培训费用，同时还能获取对等的工资收入。

五、英国新型职业农民资格认定小结

英国职业农民实行"培训—考核—认证"的管理模式。英国职业农民认证概要如表 5-2 所示。

表 5-2　英国新型职业农民的认定标准

认定标准	常规操作能力、专业技术能力、管理能力、综合素质
培训与考核	学徒制、职业资格培训与学院教育教学相结合；全国统一考试大纲，多种考核方式相结合
程序与机构	培训+考核；国家职业资格和标准认定委员会、行业标准委员会、国家考试委员会
保障措施	法律保障（《农业培训法》）、经济保障

第七节 德国新型职业农民的认定

德国农业高度发达，农业农村与工业化、城市化进程同步发展。职业农民认证体系十分完善，为德国培养了大批优秀的职业农民，形成了成熟的职业农民认定制度和培训制度。

一、德国新型职业农民资格认定的认证标准

根据德国《联邦职业教育法》，将农业划分为 14 类职业，依次为：农民，苗圃工人，动物饲养者，农村管家，马饲养员，养鱼者，林业工人，奶酪工人、奶牛饲养者、葡萄种植者、烧制陶器工人等。每类职业还包括不同的专业，以园丁职业为例，可分为观赏植物种植、蔬菜和食用菌种植、树木种植和管理、水果种植、灌木花园种植、庭院经济、基地园艺。

德国职业农民资格证书主要有两类，一类是资格证书，主要用于基础农业培训，另一类是农民师傅证书，每类证书分为五个等级，每种职业农民资格证书必须经过培训和学习，参加相应的等级考试并且通过，方可颁发。其中：一级证书是学徒工证书，是农民职业资格证书的最低水平，获得该证书只获得职业农民的准入资格；二级教育证书是专业工证书，需要再接受 3 年的农业职业教育，并完成规定课程的结业考试，才能成为合格的农业专业工作者；三级证书是农业师傅证书，获得该级别证书后，可独立从事农场经营和招收学徒的资格；四级证书是技术员证书，在获得三级证书的基础上，继续接受 2 年农业专科学校的农业职业教育，通过结业考试方可获得。五级证书是工程师证书，在获得上一级证书的基础上，通过附加考试，获得高等农业院校的进修资格，顺利毕业之后由欧盟颁发工程师证书，最终可成为农业工程师，具体如表 5-3 所示。

表 5-3 德国新职业农民资格证书认证标准和功能

证书等级	证书名称	认定标准	证书功能
一级证书	学徒工证书	通过相关的结业考试	初级身份证书，还不具备合格职业农民的资格
二级证书	专业工证书	3 年职业农业教育并通过相关结业考试	取得农业工人的身份，已经具备合格职业农民的资格

续表

证书等级	证书名称	认定标准	证书功能
三级证书	农业师傅证书	通过农业专业师傅考试或者接收一年制的农业专科学习	可获得农场独立经营权和招收学徒工的资格
四级证书	技术员证书	专业的农业学校接受两年的深造	具备担任领导和技术员的资格
五级证书	工程师证书	通过相关考试进入高等学院继续深造并顺利毕业	具备担任农业工程师的资格（证书由欧盟颁发）

二、德国新型职业农民认定管理的教育培训与考核

德国职业农民教育主要采取"实践＋理论"相结合的培训形式。农民平均每周 3-4 天进入企业实习，1-2 天学习理论知识。每个学院在培训开始时都有一份培训合同，为确保培训的质量和效率，合同主要内容包括：职业培训类别、培训目标、培训内容和实践时间等。只有完成合同主要内容之后，才能有资格参加考试，顺利通过考试，才能获得相应的职业等级证书。

三、德国新型职业农民资格认定的认证机构及程序

德国职业资格证书认定由行业协会、审查委员会和考试委员会负责。第一，行业协会，主要负责组织培训和职业技能认定，在德国职业农民评估中发挥着非常重要的作用。第二，审查委员会，主要负责职业资格证书的审查，通常由农民，农业工人代表和培训师组成。第三，考试委员会，由三人以上组成，其中农民和农业劳动者代表人数相同，培训教师至少有 1 人参与，一般任期为 3 年。

德国职业农民资格认证程序通过两次考试完成。一个是中期考试，另一个是期末考试。这两门考试分为两部分：培训毕业考试和职业资格考试（统一考试）。两者都包括实践考试和理论考试。只有通过考试，才能获得职业资格证书。

四、德国职业农民资格认定的保障措施

德国颁布了《联邦职业教育法》《培训条例总纲》，为职业农民的认证和培训提供了强有力的法律保障。法律规定，德国青年经过基础教育之后必须继续接受 3 年的职业教育之后，才能成为一名合格的职业农民。此外，为了确保农

业资格制度的顺利运作,德国对此还予以大量的资金支持。德国政府每年向农业技术学校提供 1000 多万欧元,州政府每年划拨必要的资金,以满足农业院校和实践基地的需求。根据学员的年龄和受训时间,他们也将从政府获得相应的津贴。

五、德国职业农民资格认定小结

德国农民资格认定概要,见表 5-4 所示。

表 5-4　德国新职业农民资格概要

认定标准	一定时间的专业培训和结业考试
教育与考核	培训合同教育模式;中期考核+结业考核、理论+实践考核
程序与机构	中期考核+结业考核;行业协会、考试委员会、审查委员会
保障措施	《联邦职业教育法》、资金支持等

第八节　法国新型职业农民的认定

法国作为世界上农产品出口大国之一,农业呈现出现代化、区域化、产业化、外向型等特点,职业农民呈现出规模化、专业化、普遍化等特点,为法国农业的发展贡献了专业的认证规范和完善的保障措施。

一、法国新型职业农民认定管理的认证标准

法国职业农民认定标准划分为 4 个等级;其中:一级证书是农业职业教育证书,是最低级别的证书,需要 3~5 年的农业实践,如经营农场需要超过 200 小时的专业培训,获得该证书可以得到相应的国家补助;二级证书是农业专业证书,需要某一专业 680~920 小时的专业培训,获得该证书可以独立经营农场;三级证书是农业技术员证书,需要成年农民接受 2 年的专业培训才能获取,获得该证书可以开展技术服务;四级证书是高级技术员证书,需要技术员接受 2~3 年的专业培训,达到农业专科水平,获得该证书可以指导农场经营。法国新型职业农民资格证书认定标准及相关证书功能见表 5-5。

表 5-5　法国新型职业农民资格证书认定标准及功能①

证书等级	证书名称	认定标准	证书功能
一级证书	农业职业教育证书	3~5 年的农业生产实践；经营农场需要再接受 200 小时以上专业培训	可获得国家相关补助
二级证书	农业专业证书	接受 680~920 小时的专业培训	可获得独立经营农场的资格
三级证书	农业技术员证书	接受两年专业培训	可提供技术服务
四级证书	高级技术员证书	接受 2~3 年专业培训，能力达到农业专科水平	可提供农场经营的指导服务

在法国，每年约有 9000 名年轻人接受职业教育和职业农民培训。随着农业的发展和人才需求的增加，职业农民的培训标准也越来越高。职业农民的培训分为长期培训和短期培训；其中：长期培训主要由政府负责，而短期专业培训主要由非政府组织培训机构承担。根据农业生产活动的季节特点，职业农民的短期培训一般安排在旺季，方便进行农业生产；长期培训一般安排在闲暇时间，重点是传授大量的农业技能和理论知识。根据培训时间长短、培训方法、培训对象和培训目的的不同，法国职业农民培训类型见表 5-6。

表 5-6　法国新型职业农民培训类型

划分标准	培训类型
划分标准	培训类型
时间	长期培训、短期培训
形式	不脱产、半脱产、脱产培训
对象	农业学徒工培训班、农村青年培训班、农村妇女培训班、农场主培训班等
目的	基础农业培训、改业培训、专业培训、晋升技术职称培训等

三、法国新型职业农民资格认定的认证程序及机构

法国政府非常重视职业农民认证制度，专门成立了审查委员会负责组织和管理法国职业农民的培训和认证，该委员会主要由农场主，农业工人代表和教

---

① 胡静，闫志利. 中外新型职业农民资格认定标准比较研究 [J]. 职教论坛，2014.（10）：59.

师等三方代表组成。审查委员会负责制定相应的资格标准，职业农民需按照相关规定，参加等级考试，通过考试才能获得资格等级证书。目前，法国有 350 个培训中心，其中 150 个由政府设立，200 个由非政府组织设立。这些非政府组织培训机构在提高农民的理论知识和生产技能方面发挥着重要的作用。

四、法国新型职业农民资格认定的保障措施

法国对职业农民资格的保障措施主要包括法律法规、仲裁机构和财政支持。根据法国相关规定，职业农民只有通过职业农民资格考试，取得相应的资格等级证书，才能获得相应的补贴。法国还建立了仲裁机构，以此促进职业农民的教育培训和资格管理。在资金方面，法国给予了大力支持，350 个农业技术培训中心主要由政府支付工资，同时提供考试补贴，职业农民考试补贴是行业协会中最高的补贴。

五、法国新型职业农民资格认定小结

法国新型职业农民资格认定见表 5-7。

表 5-7 法国新型职业农民资格认定

认定标准	规定时间的相关农业职业培训
认定标准	规定时间的相关农业职业培训
教育考核	包括多种类型农业职业培训；理论+实践考核
程序与机构	包括培训+考核；培训晋级和就业委员会、考试委员会、农民业余技术培训中心，政府机构+民间机构模式
保障措施	法规支持、机构支持和资金支持等

第九节　加拿大新型职业农民的认定

加拿大于 20 世纪 70 年代初实行职业农民"绿色证书"制度，为加拿大现代农业的发展、职业农民的培养和职业农民资格认定管理制度的完善做出了重要贡献，奠定了加拿大农业的现代化地位和水平。

一、加拿大新型职业农民资格认定的标准

加拿大职业农民实行"绿色证书"制度，按照市场需求和行业需求设立职业农民的资格认证和培训标准。目前，加拿大共设置了"牧牛产业、乳制品产

业、生猪产业、马匹产业、绵羊产业"等9个培训专业，每个专业的资格证书划为"农业生产技术员、农业生产指导员、农业生产管理员"3个等级。其中：一级证书是生产技术员，要求熟练掌握农作物生产和畜牧业的相关程序和规范以及相关器材的使用；二级证书是生产指导员，要求掌握更多的相关知识和技能，以及拥有良好的综合判断能力，能够对农业生产活动提供技术咨询和指导，解决突发问题，确保农业生产计划和合同的顺利实施；三级证书是生产管理员，要求掌握有关农业生产的相关管理技能和市场信息，能够从事各种与农业生产有关的管理工作，具体如表5-8所示。

表5-8　加拿大新型职业农民资格认定标准

等级	名称	认定的标准
等级	名称	认定的标准
一级证书	农业生产技术员	要求熟练掌握农作物生产和畜牧业的相关程序和规范以及相关器材的使用。
二级证书	农业生产指导员	要求掌握更多的相关知识和技能，以及拥有良好的综合判断能力，能够对农业生产活动提供技术咨询和指导，并能解决农业生产活动中出现的突发问题以确保农业生产计划和合同的顺利实施。
三级证书	农业生产管理员	要求掌握有关农业生产的相关管理技能和市场信息，能够从事各种与农业生产有关的管理工作。

二、加拿大新型职业农民认定的教育培训

加拿大为了保证"绿色证书"的考试质量，将考试分为两个部分：考核考试和资格考试。其中：考核考试一般在农场进行，主要对学员技能进行测试；资格考试在专门设立的考试中心进行，由经验丰富的培训教师和农场主担任考官，考试内容包括口试和实际动手操作两部分。该模式极大地确保加拿大"绿色证书"的教育培训质量。在认定标准方面，初级证书注重行业规范的检验和农业技术、机械的操作。随着认证水平的提高，认证标准越来越重视对综合素质和市场参与能力的检验。

三、加拿大新型职业农民资格认定的认证机构及程序

加拿大负责"绿色证书"的认证机构主要是农业部、教育部、农场协会等，共同负责绿色证书认证和管理。其中：农业部是系统内最高行政机构，主

要负责岗位规划和认证管理，培训期间提供培训材料和工伤保险；教育部负责学生的绿色证书培训课程计划，学生身份档案管理和青年农民培训计划的实施；农场协会按照政府有关规定负责农场培训和职业农民就业。

四、加拿大新型职业农民认定管理的保障措施

绿色认证体系是加拿大农业发展的重要体系。政府非常重视这一点，并提供强有力的政策支持和财政支持。根据加拿大政府的有关规定，未获取绿色证书，则不能成为职业农民，不能从事农业相关工作，不能继承或购买农场等。同时，政府设立专项资金包含在政府预算中，此外，在高中教育阶段增设绿色证书培训课程。①

五、加拿大新型职业农民资格认定小结

加拿大新型职业农民资格认定见表5-9所示。

表5-9　加拿大新型职业农民资格认定

认定标准	了解行业规范、机械操作、技术指导、问题处理能力、市场经营管理能力
教育与考核	岗位能力图标与岗位技术规范、师傅带徒弟、农场培训、自学与场外培训等，培考分离
程序与机构	培训+考核，农业管理部、教育部、农场协会等
保障措施	政策支持、资金支持等

第十节　总结国外新型职业农民资格认定的经验

为了促进当地农业生产的发展，培养优秀的农业技术和管理人才，英、德、法、加等国出台了新的《关于严格农民职业管理制度的决定》，颁发了多种类型农业从业资格证书，制定了严格的标准，加强了农业职业教育和培训，规范职业农民的认定过程并提供一系列保障措施，积累了丰富的新型农民专业人才培养和认定经验，形成完善的管理体系。其一，在认定标准方面，英国和加拿大为每一级都制定了具体的鉴定标准，高度重视新型职业农民的市场参与

---

① 胡静，闫志利. 中外新型职业农民资格认定标准比较研究［M］. 执教论坛，2014（10）

能力。德法两国以长期接受教育培训和结业考试为认定标准，把教育培训放在突出位置。其二，在教育考核方面，各国都高度重视新型职业农民的教育模式，教育内容和教育机构，重视培养新型职业农民专业实践能力。其三，在程序与机构方面，几乎所有政府都设立了专门机构，负责确定和管理新型职业农民，并设立了资格委员会和考试委员会来负责相关的认定和管理。其四，在措施保障方面，各国都分别出台了相关法律政策和财政政策大力鼓励和支持职业农民的发展。各国新型职业农民资格认定对比如表 5-10 所示。

表 5-10 国外新型职业农民资格认定

内容 ＼ 国家	英国	德国	法国	加拿大
认定标准	常规操作能力、专业技术能力、管理能力、综合素质	一定时间的专业培训和结业考试	一定时间的相关农业职业培训	行业规范、机械操作、技术指导、问题处理及市场经营管理能力
教育与考核	学徒制、职业资格培训与学院教育教学相结合；全国统一考试大纲，多种考核方式相结合	培训合同教育模式；中期考核+结业考核、理论+实践考核	培训合同教育模式；中期考核+结业考核、理论+实践考核	岗位能力图标与岗位技术规范、师傅带徒弟、农场培训、自学与场外培训等，培考分离
程序与机构	培训+考核；国家职业资格和标准认定委员会、行业标准委员会、国家考试委员会	中期考核+结业考核；行业协会、考试委员会	培训+考核；培训晋级和就业考试委员会农民业余技术培训中心，政府机构+民间机构模式	培训+考核；农业管理部、教育部、农场协会等
保障措施	《农业培训法》、经济保障等	《联邦职业教育法》《培训条例总纲》资金支持等	法规支持、机构支持和资金支持等	政策支持、资金支持等

总结西方发达国家职业农民认定管理的经验，总体呈现出以下几个特点。一是严格的认证标准；二是丰富的教育培训；三是完善的认证程序；四是强力的保障措施。

一、严格的认证标准

英国、德国、法国、加拿大等国家拥有完善的农民职业资格证书体系，各类证书涵盖了农业领域的各个领域，每一种证书都分为不同的层次，以满足行业发展的不同需求。英国证书有 15 种类型，分为两个系列，分为 5 个等级。德国有两种证书，分别分为 5 个层次，法国有 4 种职业证书，加拿大有 9 种农业证书，分为 3 个等级。为职业农民证书认定提供参考，确保职业资格证书的有序管理。

二、丰富的教育培训

四国政府高度重视职业农民的农业职业教育，注重实践培训。各国教育培训最主要的目的是为农业领域提供大量的农业技术人员，因此，无论在培训时长、课程设置、实践考核等方面，都体现了农业职业的专业化。培训方法灵活，包括淡季的长期培训和旺季的短期培训，大部分培训都在农场进行，使学员在实践中理解、学习和创新。

三、完善的认证程序

完善的考核制度和严格的考试制度是英、德、法、加等国职业农民顺利认定的制度保障。几乎所有国家都设立了专门的审查委员会来评估职业农民的资格。每个部门都有明确的职能分工，确保教师和农民代表积极参与评价，评估方法科学灵活，评估标准全国统一，最终有利于职业农民在全国范围内的流动。

四、强力的保障措施

立法保障和财政支持是四国职业农民培养和资格认证的重要保障，如英国的《农业培训法》，德国的《职业教育法》和《一般培训规则》等。几乎四个国家的法律法规明确规定，继承或者买农场，享受国家优惠政策的职业农民，都必须得到职业农民资格证书。在财政方面，政府为职业农民的资格认证提供了大量资金支持，将财政补贴的对象聚焦于获得认证资格的农业协会、农场、教师、职业农民等，为职业农民资格认证提供强有力的财政支持。

下篇　我国新型职业农民培育实证研究

第五章 云南洱源县新型职业农民教育投资现状及存在的问题

第一节 洱源县基本情况及存在的问题

一、背景及现状

洱源县是云南大理白族自治州北部的一个少数民族县,占地 2875 平方公里。洱源县的地理自然环境较特殊,地形多变,海拔从 1645 米至 3958.4 米,气候垂直变化明显。县域整体趋势从西北向东南,三座主山脉分别为马鞍山、罗坪山、西罗坪山,其间分布有众多盆地,如东南部落漏河峡谷、西部黑潓江峡谷和中部三营。独特的自然环境和地形地貌使得当地产业范围广泛,包括烤烟、林果、乳畜、水产、大蒜、生物资源、旅游等,各种产业协调发展,极大地促进了当地经济建设的发展。此外,当地政府不断加强基础设施建设,致力于改善当地的投资环境。

洱源县以白族为主,但汉族、彝族、回族、傈僳族、纳西族、傣族和藏族也是当地的土著民族。2000 年中国第五次人口普查时,全县境内共有 27 个民族。如今,社会保障已扩大到农村地区,农村低保金累计达 43.6 万元,城镇居民低保金已发放 348.1 万元,与此同时,1182 人实现就业或再就业,5637 人实现农村富余劳动力向外转移和劳务输出,城镇失业率仅为 2.05%。

洱源县共有九个乡镇,分别是茈碧湖镇、邓川镇、右所镇、三营镇、凤羽镇、乔后镇、牛街乡、炼铁乡和西山乡。主要种植 8 种农产品,即粮食作物、油料作物、烤烟、园林水果、葱蒜类、食用菌(干鲜混合)、水产品、奶制品。表 6-1 为洱源县经济和社会发展主要综合指标。

表 6-1　洱源县经济和社会发展主要综合指标

洱源县经济和社会发展主要综合指标				
	计量单位	2010 年	2009 年	2010 年比 2009 年增减（+-％）
一、年末总户数	户	74892	73058	2.51
其中：农业户数	户	65021	63757	1.98
年末总人口	人	287833	284954	1.01
其中：乡村人口	人	265668	263435	0.85
二、农业生产和农村经济				
1. 乡村从业人员数	人	151463	143994	5.19
其中：农林牧副渔业从业人员	人	115452	112446	2.67
2. 耕地面积（常用耕地）	公顷	17376	17566	-1.08
水田	公顷	10098	9920	1.79
旱地	公顷	6532	6885	-5.13
3. 农作物总播种面积	公顷	35097	34868	0.66
其中：粮食	公顷	26778	26472	1.16
油料	公顷	1394	1452	-3.99
烤烟	公顷	2570	2287	12.37
大蒜	公顷	2570	2514	2.23
4. 主要农产品产量				
其中：粮食	百公斤	15279	14936	2.30
油料	百公斤	29520	35191	-16.11
烤烟	百公斤	52375	48093	8.90
水果	百公斤	205636	178542	15.18
其中：梅子	百公斤	124341	91753	35.52
大蒜	百公斤	720630	316506	127.68
肉类	吨	32586	31547	3.29
奶类	吨	192686	180497	6.75
水产品	吨	6748	5832	15.71

二、洱源县高原特色农业现状及存在问题

"高原特色农业"是洱源县的优势产业。经过长期的实践，当地政府总结出"调整结构建基地，强化招商扶龙头，优化环境促发展"的发展路径，以促进高原海拔特色农业区域产业化结构化为目标，秉持形成农业区域产业化的相关理念，推动形成"优势突出、规模合理、特色鲜明、长短互补"的格局，最终实现农业增效、农民增收。

目前，洱源县已建设完成相应的特色农业体系。当地政府注重环境保护，致力于推进高海拔特色农业区域产业化。相应的农业区域划分如下：邓川、右所、茈碧湖、三营、牛街、凤羽等划为高效种植区，以水稻、玉米、蚕豆、马

铃薯等为主；三营、右所、凤羽、炼铁等划为高效经济作物种植区，以烤烟、早熟大蒜等为主；茈碧湖、右所、邓川、三营、凤羽等划为保护田园风光种植区，以梅果、木瓜、油菜、水生海菜等为主；西山、炼铁、乔后等划为经济林果种植区，以核桃、华山松、药材等为主。截至目前，全县有经济林果（主要是核桃、梅果）面积 59.67 万亩，以及 2 万亩优质油菜、5 万亩优质烤烟、8 万亩优质蚕豆、10 万亩优质水稻、5 万亩无公害早熟大蒜，并拥有 28 万亩标准化出口农产品种植基地，2.4 万亩无公害水产高产养殖基地，农业标准化生产面积已达 58.3 万亩。

高原特色农业快速发展的同时，也受制于一些问题，包括：农业基础设施较差，现代农田水利设施不足，这与农民自身息息相关；缺乏充足的经费投入，农业科技运用不足，导致其无法满足现代农业需求，缺乏相应的科技推广和培训经费。此外，农业科技投入任务艰巨，对人力物力的需求较大，不利于推进高原特色农业向深度和广度发展；农技推广结构不能满足发展高原特色农业的需求，各乡镇农业科技人员被作为行政力量的补充，将绝大部分时间放在包村驻点、计划生育、纠纷调解等行政工作上，分散了其在抓农业科技试验示范上的精力，阻碍了农业科技推广与应用；大部分农民文化水平较低，缺乏学习现代农业技术的热情。

三、洱源县农村劳动力规模与结构

该县是农业大县。2020 年初，洱源县共有 287833 人，其中乡村人口 26566 人（92.30%），农村劳动力达 161402 人，其中，145714 人处于工作年龄。表 6-2 是该县人口分布情况表。

表6-2　洱源县乡镇劳动力基础情况

洱源县乡镇劳动力基础情况									
项目	乡镇个数	村委会个数	乡村户数	乡村人口数	1. 男	2. 女	乡村劳动力资源	其中：劳动年龄内	农业从业人员
洱源县	9	90	65002	265668	76190	75273	161402	145714	115452
茈碧湖镇	1	15	11446	47784	13395	13318	28800	24621	19820
邓川镇	1	4	3720	14577	3823	3811	8063	7131	5304
右所镇	1	14	13005	54217	16294	16423	32739	32104	25202
三营镇	1	10	9232	38767	11961	11399	25049	23197	19438
凤羽镇	1	9	7968	32093	8832	8510	18869	16576	9996
乔后镇	1	11	4623	19342	5222	5222	11864	10400	9349
牛街乡	1	11	5568	22917	6170	6170	13751	12334	8465
炼铁乡	1	11	5991	22852	6888	6888	14347	12043	11005
西山乡	1	5	3449	13119	3532	3532	7920	7308	6873
乡镇文化站：9个									

四、洱源县职业农民教育及投资现状

（一）样本特征

因其丰富的劳动力资源和特殊的地理环境，洱源县职业农民形成了地域化和专业化的分布特点，并具有以下几个特征：（1）整体文化水平不高，大部分处于初中文化水平及以下；（2）文盲率低，大部分具有小学以上文化水平；（3）男女比例基本无差别，云南特殊的人文环境使得女性在生产中具有与男性同等重要的地位。

（二）洱源县职业农民投资情况

作为农业大县，洱源县劳动力资源丰富，地形复杂多变，九个乡镇都具有显著的地域特色和农产品种植优势。而被称为"现代农业领军者"的职业农民，教育投资有以下特征。

1. 投资主体单一，与职业农民投资主体多元化的要求不符。

投资主体是指具备一定的资金或资金来源，在投资过程中具有决策权的投资活动主体。政府、企业、社会、个人（家庭）都可以纳入投资主体的范围。根据当前的国情，拥有较大的经济实力的国家级、省级财政承担了较少的农村教育投资责任，经济与财政实力不足的县级政府则承担了大部分责任，没能从根本上解决投资主体单一的问题，这样的现状使得职业农民投资缺乏力度。另外，该投资属于准公共产品，带来强大社会效应的同时也能给个体带来收益。因此，作为更高层次的人力资本投资行为，职业农民教育投资不应仅仅将政府作为投资的主体，应该适当引进社会其他投资主体，如社会组织、个人，以强化竞争环境，增进各方效益。

2. 投资内容单一，无法促进职业农民多样化。

当前，职业农民的教育投资需求得到政府越来越多的关注，投资内容得到优化，但仍有很多不足之处，其中较为突出的问题是，农业投资内容与乡镇的具体农业情况不匹配。往往容易"一刀切"，从而使得投资无法解决农户的实际问题，导致较低的效率。作为农业大县的洱源县，其职业农民与传统农民有很大的区别，因此应结合每个乡镇的农业特色对职业农民教育投资内容进行针对性的培训，例如党政教育、农业科学、生态养殖、高效种植、涉农政策等。

3. 教育环境匮乏，职业农民的培养未进入大众意识。

首先，土地和规模化经营是职业农民的必备因素，但与农户分散式经营相对应的是兼业农民。目前洱源县仍采用传统的分散经营模式。制定土地流转制度以促进规模化经营，是培养职业农民的首要条件，有利于为其营造良好的制度环境。其次，在二元户籍结构的影响下，城乡居民的双向流动困难，农村富余劳动力与城市人才的流动十分困难。因此，构建城乡之间的双向流动体系十分重要，鼓励农民进入城镇就业并支持城市人才作为职业农民进入农村，发挥"鲶鱼效应"。职业农民来源不应受到户籍制度的限制，其可以是承包大户、养殖生产专业户、返乡农民工，也可以是城市居民、企业职工、大学毕业生等。城乡双向流动环境可以促进城乡一体化和职业农民群体多元化。

4. 投资方式单一。

作为农业大县，洱源县龙头企业发展引领着农业发展。虽然职业农民拥有众多的培养模式，如参与式、示范式、项目带动式、能人带动式、媒体传播式等，但洱源县尚未形成统一的投资模式，不利于整合当地的投资资源，教育投资功效难以充分发挥。

（三）洱源县职业农民教育投资的基础和前提

人力资本投资回报率对社会、家庭乃至个体农民是否投资人力资本和投资金额起着决定性作用。因此，在决定是否投资人力资本时，只有投资收益大于投资成本时，投资主体才会做出相应的人力资本投资决策。因此，人力资本投资的成本效益是人力资本投资决策的基础和前提。但是，由于人力资本投资收益的长期性和滞后性，我们引入现值概念，一定时间"T"年内的年收益增量的现值大于成本，人们就会做出人力资本投资的决策。否则，则会停止投资。公式如下：

$$收益现值 P = A1/(1+r) + A2/(1+r)2 + A3/(1+r)3 + K +$$
$$AT/(1+r) T = A(1+r) T - 1/r(1+r) T > 成本 C \qquad (1)$$

式（1）中，P 代表增量收益的现值。当 P 值大于成本 C 时，投资主体才会进行投资决策，反之亦然。

第二节　职业农民教育投资分析

一、职业农民教育投资分析思路

教育投资决策分析的第一步：确定好总目标，并将总目标层层分解到指标层。首先，用层次分析法将总体目标分为标准层和指标层。访谈法、文献调查法以及问卷调查法等是确定指标层常用的方法，本文采用文献分析法和访谈法，根据相关理论初步确定洱源县职业农民教育投资指标，并采用专家意见征询的方式做实证遴选。为避免专家意见过于主观，分别采用德尔菲法和隶属度分析方法来确定最终指标。

未来继承人问题包含在职业农民教育投资问题中，进行教育投资决策时，需要关注以下问题：第一，投资问题受众多因素制约产生，职业农民投资方向决定于其主要投资决策者即政府，因此决策时需要考虑政府的主观能动性，一般决策方法已不适用于职业农民教育投资决策。与其相比，AHP 法更具优越性，它在分析专家主观意见的基础上，用量化方式构建决策指标体系；第二，投资是多方受益的一件好事，从 2005—2012 年的中央一号文件均提到职业农民的教育投资问题，将其上升到国家战略层面。大部分职业农民是成年人，他们有丰富的农事经验并且需要专业的职业培训，应该致力于将他们培养为"有文化、懂技术、会管理、能经营"的职业农民。因而，不应该只依靠政府主导的正规教育对他们进行培训，还需要社会力量的参与，比如创办农业协会、专业合作社等社会组织以拓宽培训渠道。另外，制定职业农民教育投资决策方案时，对投资主体的需求程度和投资方式的偏好程度应做充分考虑，这样的选择倾向在一般决策方法无法得到反应。而 AHP 法构建的判断矩阵和量化指标，形成了相对于上一个指标层的子指标层偏好权重，把投资决策方案通过定量的方式表现出来，再进行投资决策。

综上所述，本文根据总目标（职业农民教育投资总目标）——→准则层（分类评估指标）——→指标层（具体衡量指标）的思路来分析洱源县教育投资决策。其教育投资决策层次分析思路如图 6−1 所示。

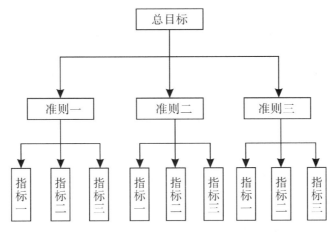

图 6−1　教育投资决策层次分析思路图

二、多目标决策下职业农民教育投资论证

职业农民教育投资是涵盖投资主体、内容、环境、模式和载体等的多目标体系，仔细分析众多影响因素之间复杂的关系是非常重要的。影响职业农民教育投资因素有国家宏观环境、社会组织、教育内容、资金配置等，考虑问题时，必须兼顾各个因素，并确定这些因素的重要程度。因此，众多学者针对这种兼顾多个目标的问题提出决策方法，如：佐治亚大学的 Steuer 教授曾用切比雪夫交互式多目标决策方法来判断决策者的偏好，但该方法迭代过程较长，无法保证每一步的协调解释非劣解；Keeney 和 Raiffa 提出多重效用评价方法，首次提出在管理科学运用多重效用评价方法进行多目标决策方法研究；钟守楠则采用最佳协调解的分布删选法，总体优化偏好，该法适用于有限决策方案，模型简单易操作；陈明琴则根据更为简化的二维足码选择定位法，在信息量较少的情况下实现群决策，但仍局限于有限决策方案。类似还有规格化距离加权法、灰色关联分析法等，但各有其对应的应用领域，投资决策适用性不足。

教育投资决策总目标并运用科学实用的投资决策方法的确定有利于把握职业农民教育投资的科学性和合理性。增强职业农民人力资本就必须引进职业农民教育投资，并使其投资主体、内容、载体、环境和模式能够优化配置，以保证职业农民个体和社会整体成本收益最大化。

三、职业农民教育投资分析原则

(一) 目标确定原则

目标确定原则是决策模型的首要原则。确定最终要达到的目标，明确各个阶段的任务程度，是建立决策模型和方案的前提。未来的运行方案需要根据总目标确定，但若缺乏评价和比较的标准，未来活动的结果便缺少检测依据。

在目标确定原则下，需要以总目标为中心鉴别投资主体、选择投资方式、确定投资来源、断定投资环境。有了总目标，才能推进各投资准则和投资目标。

(二) 全面覆盖原则

全面覆盖原则要求划分投资决策模型时，各方面状况都应考虑在内，包括投资主体、方式、环境、模式和载体等，以便进一步划分不同的教育投资方式，鉴别教育投资的主要影响因素，从而制定有效可行的决策方案。

在进行教育投资计划时，全面覆盖原则的核心内容是评估能够真实反映教育投资的定量和定性指标的每个项目（重点和高度概括的项目），以此建立的决策模型最终能够实现总投资目标。

(三) 科学合理原则

教育投资计划应充分结合理论和实际，构建科学合理的模型。从总目标的确定、分目标的细化，都要与实际相符，投资模型的本质内容通过合理的理论指导以及简练、严谨的表达方式得以反映。

此外，特征性和一致性也是科学合理原则的内容。首先，在投资对象特殊性（该投资对象所独有的本质属性）的基础上，构建与之相匹配的投资模型；其次，在运用投资模型的时候，要明确定义所涉及的指标和范围，保证不同投资决策者能够正确理解模型的真正内涵并合理运用。

(四) 可操作原则

可操作原则直接反映了投资模型的实操性，对模型构建的重要性不言而喻。一般而言，客观且真实地描述投资模型的综合投资能力是可操作原则的主要标准。投资模型是可运用于实际的，其以逻辑理念的形式呈现，只有通过已有的投资测量工具得到的较为明确的投资方案，才能真正落实到操作层面。

第三节 教育投资分析——模糊层次分析法

科学合理的教育投资决策模式有利于职业农民的教育投资决策。在构建教育投资决策模型的过程中，主要考虑以下几点。（1）能否体现投资目标。职业农民教育投资的总目标是实现投资主体、客体、环境、模式和载体的合理配置，有利于提高职业农民个人和整体人力资本水平。因此，应以职业农民作为投资对象，从上述五个维度进行分析，以满足个体和社会的人力资本需求。（2）是否体现投资特点。教育投资具有长期性和滞后性，而针对兼具投资主体和客体的职业农民的投资方法既要考虑时间价值，又要考虑不同投资主体的偏好和侧重面。（3）是否具有实践价值且符合理论逻辑。一方面，实践价值是指构建的方法或方案与实际相符，并可通过实际运用证明其可行性；另一方面，符合理论逻辑是指构建的投资决策方法或方案需要兼顾投资主体、客体、环境、载体和模式五个维度的内在联系，又要保证五个维度的合理配置和优化。

一、教育投资的指标初筛影响因素

有诸多因素影响到职业农民教育投资决策，如投资主体（县政府、乡政府、社会、村集体、专业大户、涉农企业、农业专业合作组织）；投资内容（党政教育、农业文化、涉农政策、科普知识、生态种养殖技术、高效种养殖技术、农业技术认证教育、产业形势与相关政策和创新能力）；投资环境（土地流转制度环境、社会心理认同环境、特色高原地理环境和劳动力市场环境）；投资模式（参与式、示范式、项目驱动式、人才驱动式、媒体传播培训式）；投资载体（农业职业技术院校、农业函授班、农业技术推广站、农村经济合作组织、专业户办学、龙头企业、当地农村集市、农技 110 和电视网络媒体）。这些要素中包含定性和定量变量，很难进行精确的判断。目前国内还没有这方面的针对性研究，因此，本文先运用文献调查法，筛选梳理出国外关于职业农民教育投资的影响因素，参考国内职业农民教育发展现状，分析投资过程中的施予者采取何种方式落实到投资对象上，以及整个投资过程中出现的各种环境影响因素。以下为影响投资因素的指标来源：（1）国家"十一五""十二五"规划和中央一号文件中关于职业农民培养的约束性指标；（2）国外文献梳理结果；（3）本文在实证调研和访谈过程中发现的问题；（4）教育投资理论的投资决策维度分析。但是，投资影响因素的指标选择不能盲目地认为追求越多越好，关键在于所选指标在整个投资决策中的作用大小。本文运用关键绩效指标分析法的鱼骨图分析法对核心指标维度进行分析，形成了第一轮指标体系。

二、层次结构模型构建——初筛指标

根据层次分析法，教育投资决策的影响指标包括三个层次：第一层次是目标层次，如专业农民教育投资决策要达到的总体目标；第二个层次是标准层次，即决策分析中达到一定目标的决策计划的标准和规则，如投资模式、主体等。第三层次是指标层次，与实现具体目标方案的措施有关，如成人教育、农协会等。本文将上一节分析得出的初筛指标分别对应到相应的分析层次，形成初始分析模型。

显然，我们已通过理论分析、文献调查和关键指标分析法初步确立了相应指标，但这些方法具有较强的主观性，作者的专业技能、惯性逻辑思维等都会影响其作用的发挥。因此，有必要通过实证遴选建立科学合理的指标体系，以确保其良好的信度和效度。本文采用德尔菲法（即专家意见咨询法）和隶属度分析法进行实证遴选。根据初级模型中的三个层次（目标层、准则层、指标层），笔者设计了专家意见咨询表，并询问了主要负责县政府专业农民培训的政府公务员，以及与高校农业政策研究专家、农业科学院的专家进行了磋商。同时，为了避免专家意见的主观性，对各专家的指标得分进行频率统计和隶属度分析，淘汰低隶属度指标，最后对洱源县职业农民教育投资决策进行分析并建立模型。

总而言之，运用层次分析法原理、定性文献调查法、德尔菲法和模糊隶属度等定量方法，按照目标层（职业农民教育投资实现的目标）——准则层（职业农民培养标准）——指标层（职业农民培训具体方案）建立投资决策分析模型。其具体操作步骤如下：

首先，通过德尔菲法初步筛选相应的指标。德尔菲法（Delpfi Method）是由赫尔姆和达尔克于20世纪40年代首次提出的主观预测方法，兰德公司将其进一步发展完善。

第一步，设计专家咨询表。本文重点研究了大理市县级专业农民的投资指标，并建立了不同的专家意见咨询表。每个指标有5个重要等级，分别为5分、4分、3分、2分和1分，分别代表"非常重要、比较重要、一般重要、不重要、可以剔除"。我们还要求县政府的政府官员负责培训专业农民，大学农业政策研究专家和农业科学院的专家来评估分数。表6-3是标准层指标的专家意见咨询表，二级指标和三级指标意见咨询表分别附于附录。

表 6-3　准则层专家意见征询表

总目标	准则层	评价赋值				
		5分	4分	3分	2分	1分
职业农民教育投资目标	投资主体					
	投资环境					
	投资载体					
	投资方式					
您认为其他的合适指标						

第二步，分析所回收问卷的模糊数学隶属度，剔除关联性不强的指标。模糊数学指出，社会生活中存在大量的模糊性现象，某个元素是否属于某一论域（模糊现象）难以用"非此即彼"的经典集合来描述，只能评价出某一元素在多大程度上属于某一论域，即模糊集合。隶属度分析即通过模糊集合来表示每一个元素相对论域的隶属程度。

设 U 为一个普通集合，将其称为论域，关于论域 U 的模糊子集 A，是指：对于对任意 u，U 都指定一个数 A（u）属于 ［0，1］，叫作 u 对于 A 的隶属度。模糊子集完全由其隶属函数刻画。

把洱源县职业农民教育投资拟达到的总目标〔A〕视为一个模糊子集，将每一个指标视为一个元素 u，分别对每一项指标进行隶属度分析。假设在第 x 项评估指标 Ux 上，专家选择的总次数为 Kn，即总共有 Kn 为专家认为 Ux 是最理想的评价指标，则 Un 指标的隶属度为：

$$Rn=Kn/18$$

如果 Rn 值很大，则证明多数学者认为 Xn 比较重要，该指标在很大程度上隶属于〔A〕，应该纳入评估指标体系，然后进行权重赋值；反之，如果 Rn 值较小，则表明大部分专家都认为该指标不够重要，隶属度低的指标应予以删除。学术界一般设定的临界值为 0.2，即可保留 Rn>0.2 的所有指标。本文沿用该标准，进行指标剔除，最后得到结果见表 6-4。

表6-4　第一轮指标评估体系中被删除的隶属度低于0.2的指标

二级指标	三级指标	隶属度
投资内容	党政教育	0.05
投资理论	当地农村集市	0.15
投资载体	农技110	0.20

经过专家意见问询表和进行隶属度分析之后，本文最终确定的大理市洱源县职业农民教育投资决策分析指标内容见表6-5。

表6-5　洱源县职业农民教育投资决策分析指标体系

总目标	一级指标	二级指标
洱源县职业农民教育（A）投资决策指标	投资主体（B1）	县政府 C1
		乡政府 C2
		村集体 C3
		农业专业合作组织 C4
		涉农企业 C5
		专业大户 C6
	投资内容（B2）	农业文化 C7
		涉农政策 C8
		科普知识 C9
		生态种养殖技术 C10
		高效种养殖技术 C11
		农业技术认证教育 C12
		产业形势与相关政策 C13
		创新能力 C14
	投资环境（B3）	土地流转制度环境 C15
		社会心理认同环境 C16
		特色高原地理环境 C17
		劳动力市场环境 C18
	投资模式（B4）	参与式 C19
		示范式 C20
		项目带动式 C21

总目标	一级指标	二级指标
洱源县职业农民教育（A）投资决策指标	投资模式（B4）	能人带动式 C22
		媒体传播培训式 C23
	投资载体（B5）	农业职业技术院校 C24
		农业函授班 C25
		农业技术推广站 C26
		农村经济合作组织 C27
		专业户办学 C28
		龙头企业 C29
		电视网络媒体 C30

三、权重赋值

（一）构建判断矩阵

相关专家的知识与经验有助于我们形成科学、合理的判断。研究过程中，我们邀请专家在参照相关准则分别对比各因素重要程度的基础上，构建相应的判断矩阵。判断矩阵构建时，引入 T. 斯塔的 1-9 比率标度方法（相对重要性等级表），给任一两个因素关于某一准则的相对重要性程度定量赋值，数字化和量化决策者的主观判断思维，通过数字表明两两相互比较因素的重要性，进而判断两两因素孰优孰劣。T. 斯塔的 1-9 比率标度表见表 6-6。

表 6-6 判断矩阵 1-9 比率标度及其含义

标度	含义
1 3 5 7 9 2，4 6，8	表示两个因素相比，具有同样重要性 表示两个因素相比，一个因素比另一个因素稍微重要 表示两个因素相比，一个因素比另一个因素明显重要 表示两个因素相比，一个因素比另一个因素强烈重要 表示两个因素相比，一个因素比另一个因素极端重要 上述两相邻判断的中值
倒数	因素 i 与 j 比较得判断 bij，则因素 i 与 j 比较的判断 bij＝1/bij

根据目标层形成的判断矩阵（表 6-5）（相对于"职业农民教育投资影响因

素"目标，各判断准则的相对重要性比较）构建出以下判断矩阵，见表6-7。

表6-7 总目标 A 形成的判断矩阵

A	B1	B2	B3	B4	B5
B1	b11	b12	b13	b14	b15
B2	b21	b22	b23	b24	b25
B3	b31	b32	b33	b34	b35
B4	b41	b42	b43	b44	b45
B5	b51	b52	b53	b54	b55

根据准则层 B1 形成的判断矩阵（表6-6）（相对于"投资主体"准则，各指标层的相对重要性比较）见表6-8。

表6-8 投资主体 B1 形成的判断矩阵

B1（投资主体）	C1	C2	C3	C4	C5	C6
C1（县政府）	c11	c12	c13	c14	c15	c16
C2（乡政府）	c21	c22	c23	c24	c25	c26
C3（村集体）	c31	c32	c33	c34	c35	c36
C4（农业专业合作组织）	c41	c42	c43	c44	c46	c47
C5（涉农企业）	c51	c52	c53	c54	c55	c56
C6（专业大户）	c61	c62	c63	c64	c65	c66

（二）层次单排序及一致性检验

在判断矩阵建立后，计算每个因素的分级单一排序（即，同一级别中所有因素相对于前一级别中的一个元素的相对重要性的排序权重值）；对比得出各个层次因素的重要性权值。其数值反映出人们对上一层次各因素相对重要性（优劣、偏好、强度等）的认识。最后，依据各层次单排序的数据做总排序，得出的总排序结果即为影响教育投资各因素的组合权重。

层次分析法的基本计算问题是如何计算判断矩阵的相应特征向量。常运用的数学方法包括"乘幂法""方根法""和积法"三种。本文拟采用方根法，以判断矩阵 B1 为例，描述 C1（县政府）、C2（乡政府）、C3（村集体）、C4（农业专业合作组织）、C5（涉农企业）和 C6（专业大户）相对于 B1（投资主体）

组合权重过程。

其计算过程如下。

1. 构建判断矩阵。

表 6−9　一级指标投资主体 B1 的判断矩阵

B1 投资主体	C1（8）	C2（6）	C3（5）	C4（5）	C5（5）	C6（3）
C1（8）	1.000	1.333	1.600	1.600	1.600	2.667
C2（6）	0.750	1.000	1.200	1.200	1.200	2.000
C3（5）	0.625	0.833	1.000	1.000	1.000	1.667
C4（5）	0.625	0.833	1.000	1.000	1.000	1.667
C5（5）	0.625	0.833	1.000	1.000	1.000	1.667
C6（3）	0.375	0.500	1.667	0.600	0.600	1.000

2. 计算判断矩阵每行所有元素的几何平均值。

3. 将归一化，即计算，是期望特征向量的近似值，也是每个因子的相对权重。

4. 矩阵的最大特征值 λmax，其中为向量 B 的第 i 个元素。

5. 检验一致性。

为了检查分层单一排序（或判断矩阵）的一致性，首先需要计算一致性指数，其中，比较矩阵一致性指数是平均随机一致性指数，其值通过查找表获得（表 6−9）。当 C. R. 0.1 时，可判定层次单排序结果有满意的一致性，否则需要重新调整判断矩阵的元素取值。

表 6−10　多阶比较矩阵的 R. I. 值

阶数	2	3	4	5	6	7	8	…
R. I.	0	0.52	0.89	1.12	1.26	1.36	1.41	…

得到一级指标权重为：

表 6−11　投资主体指标权重

投资主体	最终权重
县政府	0.2490
乡政府	0.1883
村集体	0.1563

续表

投资主体	最终权重
农业专业合作组织	0.1563
涉农企业	0.1563
专业大户	0.0938

注：Imax＝6.0001；CI＝0.0000；RI＝1.24；CR＝0.0000

依据表 6－10，6－11 的方法和 MCE 软件，结合表 6－4 完成所有的一级指标和二级指标的权重赋值。MCE 软件是一个包括 AHP（层次分析法），Fuzzy（模糊综合评价法）和 Gray（灰色综合评价法）三种综合评价方法的软件包，它已被广泛运用于现代综合评价实践。具体使用步骤如下：首先，打开该软件，进入 AHP 程序块，打开 AHP 应用界面，根据表 6－4 洱源县职业农民教育投资决策分析指标体系，输入备选方案、指标体系，根据 T. 斯塔的 1－9 比率标度方法所得赋值构建判断矩阵，点击层次单排序计算结果即可得到整个指标体系的权重赋值，保留小数点后 4 位，针对每一个一级指标投资主体（投资主体在如上的例证中已阐述）、投资内容、投资环境、投资模式和投资载体的赋值见表 6－12，表 6－13，表 6－14，表 6－15，表 6－16。

表 6－12　职业农民教育投资指标权重

职业农民教育投资	最终权重
投资主体	0.2571
投资内容	0.2286
投资环境	0.2000
投资模式	0.1714
投资载体	0.1429

表 6－13　投资内容指标权重

投资内容	最终权重
农业文化	0.0908
涉农政策	0.1657
科普知识	0.1198
生态种养殖技术	0.1499

续表

投资内容	最终权重
高效种养殖技术	0.1657
农业技术认证教育	0.1499
产业形势与相关政策	0.0000
创新能力	0.0000

表 6-14　投资环境指标权重

投资环境	最终权重
土地流转制度环境	0.3353
社会心理认同环境	0.2220
特色高原地理环境	0.1837
劳动力市场环境	0.2590

表 6-15　投资模式指标权重

投资模式	最终权重
参与式	0.2424
示范式	0.1818
项目带动式	0.2424
能人带动式	0.2121
媒体传播培训式	0.1212

表 6-16　投资载体指标权重

投资载体	最终权重
农业职业技术院校	0.2044
农业函授班	0.1410
农业技术推广站	0.2256
农村经济合作组织	0.1692
专业户办学	0.0564
龙头企业	0.1410
电视网络媒体	0.0623

将以上表格所有数据整理到一个主表格中，得到如下表格，数据保留小数点后 4 位，结果见表 6-17。

表 6-17　洱源县职业农民教育投资决策指标权重

总目标	一级指标	二级指标	
洱源县职业农民教育（A）投资决策指标	投资主体（B1）0.2571	县政府 C1	0.2490
		乡政府 C2	0.1883
		村集体 C3	0.1563
		农业专业合作组织 C4	0.1563
		涉农企业 C5	0.1563
	投资内容（B2）0.2286	专业大户 C6	0.0938
		农业文化 C7	0.0908
		涉农政策 C8	0.1657
		科普知识 C9	0.1198
		生态种养殖技术 C10	0.1499
		高效种养殖技术 C11	0.1657
		农业技术认证教育 C1	0.1499
		产业形势与相关政策 C13	0.0000
	投资环境（B3）0.2000	创新能力 C14	0.0000
		土地流转制度环境 C15	0.3353
		社会心理认同环境 C1	0.3353
		特色高原地理环境 C1	0.1837
	投资模式（B4）0.1714	劳动力市场环境 C18	0.2590
		参与式 C19	0.2424
		示范式 C20	0.1818
		项目带动式 C21	0.2424
		能人带动式 C22	0.2121
	投资载体（B5）0.1429	媒体传播培训式 C23	0.1212
		农业职业技术院校 C2	0.2044
		农业函授班 C25	0.1410
		农业技术推广站 C26	0.2256
		农村经济合作组织 C27	0.1692
		专业户办学 C28	0.0564
		龙头企业 C29	0.1410
		电视网络媒体 C30	0.0623

本章在大理市县级职业农民教育投资现状及原因分析的基础上，通过层次分析法，综合运用文献调查法和德尔菲法，构建 5 个一级指标和 30 个二级指标，然后用模糊隶属度法剔除了 3 个指标，最后采用层次分析法赋值权重，为下一节的验证做了铺垫。

第四节　教育投资分析模型的应用与验证

为进一步对上一节中的投资决策模型进行验证与分析，本节以大理市洱源县为例，进行问卷调查和实证研究。

一、问卷设计及调查

（一）样本选择

本节在考虑以下因素的基础上，选择大理市洱源县作为实证对象。首先，洱源县是典型的高原地理环境。2007 年，云南省政府批复同意洱源县关于发展高原特色农业的报告。现其所有乡镇都依托地理环境发展了地方特色农业，培养了许多具有文化和技术的职业农民。其次，洱源县旅游资源丰富，已将部分土地发展为旅游景区，制定并实施了失地农民再培育和再就业政策，转移富余动力资源，促进再就业。

（二）问卷设计、回收与发放

基于本节中构建的指标评价体系设计问卷。问卷分为两部分：第一部分是个体受访者的基本情况；第二部分是通过整合二级指标（投资主体、内容、环境、模式、载体）设计的，为了使问卷信息更加准确有效，主要采用面对面访谈的方法，向受访者解释每个问题的调查目的和评价标准。收集问卷后，严格排除不合格问卷，以确保每份问卷的合格性和准确性。

我们共向 9 个乡镇分发了 150 份问卷。填写问卷后，调查人员向被调查者清楚地说明了调查的目的以及每个问题的评价标准、具体的填写方法和填写标准，并仔细回答填写问卷时遇到的问题。最后，回收了 144 份有效问卷，调查问卷的分发见表 6-18。

表6-18　洱源县职业农民教育投资决策分析问卷调查情况统计

发放对象	发放问卷	收回问卷	有效问卷
洱源县9个乡镇	150	150	144

二、问卷调查结果分析

本文用SPSS17.0分析问卷数据。我们首先以二级指标投资主体中"各级政府组织职业农民参加农业学习技能"为例,见表6-19。

表6-19　职业农民参加各级政府的培训意愿

	非常愿意	愿意	一般	不愿意	非常不愿意
频率	92	11	20	11	10
百分比	63.9%	7.6%	13.9%	7.6%	7.0%

从表6-19可以看出,各级政府领导的职业农民参加农业技能培训的意愿非常高,63.9%的职业农民非常愿意参与,7.6%的职业农民愿意参与。换句话说,愿意参加政府主导培训的为71.5%。在具体的调查和访谈中,我们可以得出结论,整体情况看,职业农民参与政府培训的意愿相对较高,参与意识强烈。

(一)投资主体

问卷调查中有五个投资主体:县政府、乡镇政府、村集体、农业专业合作组织、农业相关企业和大型专业户,职业农民的首选是县政府和乡镇政府,其次是农业村集体、专业合作组织、农业相关企业,最后是专业大户。根据问卷调查,愿意参加各级政府组织的培训活动的专业农民比例最高,其中"非常愿意"的比例达到76.7%。专业农民对村集体的信任度很高,75%的专业农民表示愿意面对村集体统一的土地规划。而在专业大户分享专业技术知识,农民的参与意愿相对较低,非常愿意参加的职业农民仅占比17%。

上述现象的形成与当地县政府更加重视专业农民培养的政策密切相关。作为典型的高原地理环境,洱源县将重点培育职业农民,为九大乡镇独特的地理环境进行长期规划和发展。村集体在当地农业发展中也起到十分重要的作用。他们切实站在农民的立场,为农民办实事,对于职业农民的培养更有说服力和号召力。而专业大户作为投资主体,农民的参与热情普遍偏低,这主要是因为专业大户本身对自己作为投资主体认识上存在不足，政府在这一方面也欠缺相关的引导，因此，更多的专业大户普遍认为自己是先富起来的一类人，并未意识到自己作为投资主体的一员，这自然就造成了职业农民的参与热情不高。结合上一节中运用 AHP 法得出的投资主体优先排序首先是县政府，其次是乡政府，这一结果在问卷调研中也得到了进一步的验证，见表 6-20。

表 6-20　投资主体单排序结果

投资主体	最终权重	综合排序
县政府	0.2490	1
乡政府	0.1883	2
村集体	0.1563	3
农业专业合作组织	0.1563	3
涉农企业	0.1563	3
专业大户	0.0938	6

（二）投资内容与环境

具体的投资内容方面，78％的职业农民迫切希望学习农业技术方面的知识，包括高效种养殖技术、涉农政策等。这表明职业农民具有极强的学习意识，在市场竞争日益激烈的情况下，通过不断提高种养殖技术，同时积极学习关于涉及农业的政策和相关文件，才能在激烈的市场竞争中立于不败之地。职业农民非常愿意通过学习考取相应的农业准入证书的比例占 26.3％，这与农民个人意识有关。国外职业农民的培养普遍都建立了准入制度，即通过考取相关从业资格证，才能从事农业生产。而在国内，农业普遍是一种不得已而为之的职业，短期内扭转这种意识，还是有一定难度。56％的专业农民表示如果他们能够学习相关知识，他们愿意承担部分学习费用。这表明职业农民确实摆脱了传统农民的局限性，切实希望通过掌握更先进的农业知识技术来改变农业的现状，争取获得更多的报酬。82％的专业农民普遍希望学习时间控制在一个月内，只有 5％的人表示愿意参加三个月以上的培训活动。因此，在以后的涉及培训时间长短的问题，一定要结合职业农民的具体实际，把学习培训时间安排在闲暇空余时间内。根据上一节 AHP 中关于投资主体的优先排序，涉农政策和高效种养殖技术排序为第一，这确实也在实证调研中得到验证，见表 6-21。

表 6-21 投资内容单排序结果

投资内容	最终权重	综合排序
农业文化	0.0908	6
涉农政策	0.1657	1
科普知识	0.1198	5
生态种养殖技术	0.1499	3
高效种养殖技术	0.1657	1
农业技术认证教育	0.1499	3
产业形势与相关政策	0.0000	7
创新能力	0.0000	7

投资环境上，75%的职业农民愿意参与到村集体组织的土地流转中，结合当地劳动力资源比较丰富的优势，更多职业农民纷纷结合当地特色高原地理环境在每个乡镇建立优势产业，见表 6-22。

表 6-22 投资环境单排序结果

投资环境	最终权重	综合排序
土地流转制度环境	0.3353	1
社会心理认同环境	0.2220	3
特色高原地理环境	0.1837	4
劳动力市场环境	0.2590	2

（三）投资模式与载体

投资模式方面，35%的职业农民喜欢"参与式"投资模式，40%的职业农民愿意参与"项目带动式"投资模式，二者共占比 75%，说明当地职业农民偏爱基于实际经验的带动式培养。上一节 AHP 验证中所得排序中，"参与式"与"项目带动式"排序并列第一，二者结果一致，结合当地的情况来分析，主要是由于当地职业农民亲自参与意识强烈，加之每个地方地理环境差别比较大，只有通过亲自参与，掌握所有特殊情况，才有利于今后农业产业的发展。同时，"能人带动式"和"示范式"排序中间，这主要是因为这二者的主题涉及更多的是专业大户和专业合作社，而在此前投资主体的分析中，我们提到专业大户对于自己是投资主体的定位认识不清，这也就变相地造成职业农民在选择投资模式时，更青睐由政府牵头，职业农民亲自参与的"参与式"和"项目带动式"，见表6—23。

表6—23　投资模式单排序结果

投资模式	最终权重	综合排序
参与式	0.2424	1
示范式	0.1818	4
项目带动式	0.2424	1
能人带动式	0.2121	3
媒体传播培训式	0.1212	5

在投资载体方面，当地农业院校提供的免费学习机会，职业农民非常愿意参加的比例达到87.3%，这是因为通过专门的农业院校的系统教育，职业农民能更全面地学习农业技术知识，职业农民更期盼学习到高效的种养殖技术和涉农政策知识，而通过专业院校的学习，更能掌握到这些最新的知识技术和政策。这与AHP法验证结果一致，同时，农业技术推广站建立以来，为农业生产中碰到的一系列问题切实提供了解决措施，职业农民的培养把其作为投资载体，既符合农业技术推广站的本身职责，也可以充分整合资源，使其最大限度地发挥作用。农村经济合作组织、龙头企业、农业函授班是比较重要的投资载体，由于其群众基础优势尚未凸显，因此，应长期予以重视。专业户办学是基于其投资主体地位认识不清，政府不加以积极引导的原因，导致其排序最后，见表6—24。

表6—24　投资载体单排序结果

投资载体	最终权重	综合排序
农业职业技术院校	0.2044	2
农业函授班	0.1410	4
农业技术推广站	0.2256	1
农村经济合作组织	0.1692	3
专业户办学	0.0564	7
龙头企业	0.1410	4
电视网络媒体	0.0623	6

三、存在的问题分析

大理市洱源县的职业农民是本文的研究对象，我们通过对其深入的了解和调查以验证前文所构建的职业农民教育投资决策分析模型。

首先，洱源是一个农业大县，9个乡镇均是典型的高原地理环境，鼓励各乡镇根据当地优越的地理环境建设典型的农业带。其次，为了满足专业农民的学习愿望和需求，我们从投资主体、内容、环境、模式和承运人等角度设计了相关问卷，整理出了144份有效答卷。统计结果表明，洱源县职业农民学习先进农业知识和技术的意识较强，县政府和农业专业合作组织是他们投资的主要意愿；更愿意将在专业院校学习作为投资工具。问卷验证结果与职业农民指标体系基本相同。这也表明，职业农民教育投资决策的分析指标在一定程度上是可信的。最后，调查数据显示，职业农民的培养过程中存在诸多问题，解决措施将在下一节中详细阐述。

（一）职业农民投资主体单一，投资结构不合理

职业农民教育作为典型的公共产品教育投资，应由政府农业培训和推广机构领导，提供教育投资决策方案，但政府部门提供更多的是普通教育投资，对于职业农民来说政府垄断教育投资资源将不可避免地损害效率。因为从 AHP 法导出的投资主体优先排序和具体的实证调研结果中，二者得出的结论均为县政府和乡政府的投资主体地位不可动摇，甚至村集体在职业农民投资过程中的重要性都举足轻重。如果考虑专业农民的投资需求和可承受的费用，引入多元化投资实体尤为重要。由政府以外的专业农业经济合作组织、农业相关企业，甚至专业农民自己承担相应的投资责任。

目前该县投资主体投资总额总体不够，投资结构也不甚合理，投资主体主要集中在县乡两级政府和村集体身上，而涉农企业、农业专业合作社这些投资主体涉及较少，这些主体具有先进的农业生产技术、可适合参与的环境，但是职业农民对这些投资主体不够熟悉，政府对于这些投资主体的政策支持力度也不够，因此，造成职业农民教育投资主体单一，投资结构不甚合理的现象。

（二）职业农民教育投资内容缺乏相关的引进渠道

引进农业技术，有利于整个农业经济结构的调整，促进农村商品生产的发展，和职业农民综合素质的进一步提高。因此，必须长期地、多渠道地引进国内外农业、优良品种和先进技术，这在保持长期竞争优势方面必不可少。由于

历史的原因，使得本县的技术引进一直处于未萌发的状态。指标体系赋值表和问卷调查都反映出职业农民迫切学习最先进农业技术知识的心声。但是洱源县渠道引导机制不畅通，很多职业农民渴望学习到先进技术，但却没有畅通的渠道可以学习。洱源县的现实情况是缺乏相关的政策配套引导和支持。因此，为提高职业农民的技术，政府需加强引导并给予一定的政策倾斜，涉农企业和专业合作社主动参与职业农民教育投资。

（三）职业农民投资环境不完善，土地流转制度不健全

农村土地流转制度，是指农村土地承包经营权流转，在已有的农户家庭承包经营制度和农村承包关系的基础上，秉持依法、资源、平等协商、有偿的原则进行流转。由于洱源县职业农民耕地现状是零散化和分散化，而零散的土地不利于培养职业农民，也不利于其自身的发展，因此，职业农民为使土地经营尽快实现流转，纷纷把其他农户分散的土地租赁过来，通过协议的方式实现土地的规模化经营。但是职业农民在土地的租赁过程中由于缺乏相应的政策支持和规范化流程操作，在具体的生产过程中，经常出现政府、农户本身之间的矛盾。因此，土地流转制度这个投资环境对于职业农民的规模化发展和集约型经营影响最大，切实解决好这个问题迫在眉睫。

（四）投资模式操作缺乏规范化操作

近年来，由于市场环境发生转变，传统的"产品经济型"模式，正在变为以提高农民综合素质，走特色优势农业为特征的"市场经济型"模式。在政府支持农业综合开发过程中，指导职业农民采取何种投资模式尤为重要。结合洱源县职业农民的自身素质和洱源县特殊的高原地理环境，本文系统论证过宜采取的两种投资模式为"参与式"和"项目带动式"。要充分发挥这两种模式在具体实践中的作用，各投资主体应主动参与，但是在具体的操作过程中，政府虽规定督促和协助其他投资主体进行参与该种投资模式，但由于投资模式中主体责任明并不明晰，缺乏具体流程支持，甚至洱源县类似涉农企业和专业合作社这一类投资主体只流于表面宣传，并未落实到具体的行动，因此，切实建立起政府、职业农民和投资主体三者联动的投资模式势在必行。

（五）投资载体存在交叉和重复，缺乏系统整合性

职业农民进行教育投资，必须要通过相关的投资载体，才能进行实现职业农民的教育投资。农业职业技术院校、农业函授班、农业技术推广站、农村经

济合作组织、专业户办学、涉农企业和电视网络媒体等等都可以作为投资载体发挥作用。洱源县职业农民在参与教育投资的过程中，各种投资载体在发挥作用的时候存在重复性和交叉性。农村专业化合作组织、涉农企业参与职业农民的培育过程中，更多应该承担实地操作和学习，提供职业农民实地考察和学习的机会，而一些涉农企业效仿农业职业技术院校，聘请教师开办课程学习班，结果是舍本逐末，这些企业不仅丧失了本来具有的优势，同时其学习内容也与职业院校存在大量重复和交叉，更严重的后果是最具操作实践性的学习内容无人承担。因此，对众多的投资载体，应该进行系统的整合，保证每一个载体各有侧重，真正做到合理分配投资载体教学内容，有效满足职业农民教育的实际需要。

第五节　完善洱源县职业农民教育投资决策的对策建议

一、加大投资力度，构造职业农民投资保障机制

加大投资力度，建立职业农民投资保障机制和投资体制，将更多资金投入职业农民教育投资中，可以提高农业生产率。政府首先从宏观政策上把握现行针对职业农民的教育投资体制政策，增加政府的资金投资量并在职业农民教育投资机制中投入社会资金。2004 年 7 月，国务院颁布了《国务院关于投资体制改革的决定》（以下简称《决定》）。《决定》极大地改善了我国原有的投资体制，简化了当前的投资审批制度，进一步扩大了投资领域，扩大了企业和地方政府的投资权限，从而巩固了企业的投资地位，优化了资源配置，提高市场效率。在此背景下，笔者认为应从以下几个方面积极探索农业投资行为，进一步改善投资环境，拓宽融资渠道。

第一，目前政府投资体制存在管理时间长、权责不明、管理效率低的问题。改革现有的政府农业投资管理体制，整合各类农业投资，实施统筹规划，明确分工势在必行。提高农业投资资金的使用效率，同时，集中精力分散政府农业投入，特别是职业农民培养管理的权利，实行统一管理，改变长期以来投资管理多人领导和相互推责的现状，提高农业投资管理效率。

第二，加大政府投入力度，为职业农民建立长期稳定的政府投资机制。农业产业本身的内在弱点是高自然风险和市场风险，投资周期长，对资本投资吸引力弱。在市场的自然机制下，很难解决投资主体意愿不强、投资资金不足等

问题。因此，必须通过政府的行政手段弥补市场机制存在的缺陷，利用政府的财力和权力，引导和带动其他农业投资主体对农民教育实施投资。尽管中国是农业大国，但有关农业和农民的财政投资仍然远低于发达国家，投入职业农民教育的资金则更少。因此，在职业农民素质较低的情况下，各级政府应进一步深化收入分配格局，增加教育投资，促进职业农民教育投资健康增长。

二、优化投资结构，明确职业农民投资的合理边界

当前，职业农民教育投资主体呈多元化格局，由各级政府、村集体、涉农企业、农业专业合作组织和农户等构成的农业投资主体结构，存在诸多问题，即政府投资比重低，缺乏引导，农业投资主体结构需进一步优化。中国职业农民的培育需要众多投资主体的参与，形成以专业合作组织、农民和企业投资主体为核心，政府投资主体支持，集体主体为辅的新型农业投资主体。农业现代化的速度取决于各种投资者的投资行为。

为优化农业投资结构，应在农业投资各实体之间划出合理的界限，增加投资总额，提高投资主体的积极性，从以下几方面进行。

一方面，要改变职业农民教育投入中的政府职能，鼓励和支持农业企业参与农业投资。长期以来，地方政府对农业的严重投入不足，再加上国家实施的"以农养工"政策使得政府对地方农业的支持不力，投资功能无法发挥，对指导和推动其他投资主体没有明显效果。因此，有必要增加政府投资，优化政府投资功能和主导地位。此外，积极支持农业投资，增加与农民和农业相关企业的投资收益，以增加农业相关企业和农民对农业的投资力度。

另一方面，明确投资主体的职责范围，解决投资主体的投资边界问题。各级政府、农业相关企业、村集体、农业专业合作组织和农民有不同的投资方向，并因具有不同的目的而专注于具体的投资过程。每个投资实体根据自身情况确定投资范围，相互之间的投资边界是合理的。但是，目前的投资目标尚不明确，职业农民的投资主体在投资范围上冲突不断，边界模糊，从而影响农业投资的效果。政府的投资范围包括基本投资和公益投资；农业相关企业、大农户和农民盈利能力强，投资范围主要是农业竞争领域，按市场规律运行；村集体处于政府与农民之间的中间地带，在填补政府和其他投资主体的投资空白方面发挥作用。

三、多渠道引进高效农业技术，丰富投资内容

近年来洱源县政府在"改革、开放高原特色地理环境"政策的引导下，有计划地探讨实施推进政策的落实。实践表明，无论从促进职业农民综合素质提高方面，还是从农业整体的良性发展方面，多渠道引进农业先进技术都是十分必要的，引进时可结合以下几个方面：第一，准确把握农业技术引进的关键，即结合每一个乡镇的农业优势和职业农民的综合素质，选择与当地实际情况相符的农业良种和技术的引进地区、职业农民的内容。只关注选择合理的引进对象而地区选择不当对提高农业生产来说"事倍功半"；第二，了解农业生产会受到的自然条件限制，若忽视作物遗传性需求的界线，将难以保证其优良性，即便职业农民学习了先进技术，但因受到地域条件的限制，也是很难发挥农业技术的作用。

综上所述，职业农民具有极强的学习意识，在市场竞争日益激烈的情况下，通过不断引进先进技术，丰富投资内容，同时积极学习有关农业政策的相关文件，最终保持在激烈的市场竞争中立于不败之地。

四、变革现有农村土地制度，优化专业农民的投资环境

现有的农村土地制度限制了土地规模发展。农村土地产权缺乏排他性是由于其不完整性造成的，土地生产规模发展很困难，这削弱了各种投资主体的积极性，降低了土地的边际生产力。近年来，国家出台了相关的土地流转制度管理政策，给予土地流转以法律支持，并提供相应的法律保护。在此背景下，笔者认为标准的土地流转制度应从以下几个方面进行。

对于某些地区，应有计划和有针对性地进行土地转让，同时，确认多个投资实体的参与，这将扩大一些土地业务规模。为了实现大规模经营，有必要提高职业农民的技术水平。各级政府、大型农业企业或农业相关企业应主动承担农民职业教育的任务，同时引进农业协会或专业合作组织。农业协会是由一批致富农民组织的专业技术研究组织（具有一定的技术专长），目的是推广他们的经验，让更多的人掌握致富技能，加强经济、技术、人才信息、网络和特殊技术研究的交流，促进生产技术的广泛传播。截至目前，全国已有7万多个农业专业技术研究协会，在科技普及和农村商品生产推广中发挥着重要作用。

五、构建政府补助——乡村组织、农户投资的职业农民投资模式

针对职业农民的特殊性质，形成基本思路，即政府提供必要的财政补助来调动农村集体经济组织、乡村合作经济组织、职业农民本身对农业投资的积极性。政府为农户提供部分资助，由乡村集体经济组织、农业合作经济组织、职业农民及其相关产业组织负责管理。这种投资方式具有如下特征。

第一，项目投资主体是农村集体经济组织、乡村合作经济组织和职业农民本身等小型组织，政府只提供部分必需的投资性财政补助或补贴，教育投资所需的资本和其他非资本性投入则主要由这些投资主体筹集。

第二，职业农民教育投资过程中的组织与管理，由出资和将来收益的农村集体经济组织、专业合作社和农业协会等组织负责和管理，但地方政府尤其是乡镇政府和村级组织时常会采取一些不合理的干预方式，影响农业专业协会、涉农企业、职业农民以投资主体角色参与农业综合开发投入，因此要明确政府的辅助地位，确立教育投资过程中的主体管理和决策地位。

第三，这种模式的适用性强，尤其对于职业农民教育投资适应性强，充分调动了职业农民本身在内的各方主体的积极性，充分考虑其意见，最大程度发挥教育投资的效果。

总而言之，职业农民教育投资采取该种投资模式，充分发挥政府财政作用的同时，还需调动各方积极性，充分发展职业农民的教育投资。

六、建立"农业综合体"投资载体，培育壮大现代职业农民

当前，环境资源压力增大，大力发展现代农业是推动劳动力结构性改变的必备因素，其主要内容的是提高职业农民综合素质，确保提升农业技术，解决农业后继无人问题，从而推动农业可持续发展。实践表明，政策、科技、投入、市场是发展现代农业、提高职业农民综合素质的四个要素。因此，需要构建一个新型载体，将四大要素有效联结和整合。在此基础上，农业综合体借鉴城市综合体改革的实践成果，提出了培养现代职业农民的新载体形式。

在农业综合体体系中，政府、涉农企业、农业科研单位签订协议，紧密协作、相互依存、高效运作；其中，以土地承包经营权为纽带，清理投资环境，根据现代企业制度，明确涉农企业、政府、职业农民相互之间责权利关系，明确在资金、管理等方面涉农企业是核心支持力量，强化科技支撑在科研单位人才、技术引进、品种等方面的引领作用。具体过程如下。

第一，建设特色化、专业化、区域化的产业基地，优化职能布局，为职业农民提供系统化、标准化的生产学习环境。

第二，农业科研单位直接参与投资过程，以科技做支撑。运用现代生物技术、现代信息技术对农产品进行精深加工，树立职业农民创意农业发展理念，结合地方特色提升农产品的技术含量和文化含量

第三，建设新型农技推广服务队伍，层次多样，包括产学研、农科教结合、推广研究员、责任农机员和农民技术员等，以培养一批新型职业农民，全面壮大现代职业农民队伍。

七、建立农业保险体系，降低职业农民经营风险

作为一个弱势产业，农业经营风险很高，这是投资主体积极性低落的原因之一。因此，建立有利于规避风险的农业保险体系对提高职业农民和各投资主体的积极性均有重要意义。

第一，应树立农业保险思维。化解或降低农业投资者的风险是建立农业保险体系的目的所在，有利于增强投资积极性。因此，农业保险体系的建立需依靠国家的支持，给予一定的农业补贴并制定相关的优惠政策，以构建政策性农业保险和商业保险并存的发展模式。同时，结合发达国家的实践成果，根据中国国情建立非营利性政策保险公司，从国家层面支持农业发展，增加各实体的投资热情。

第二，中国农业发展的历史表明，社会保险组织是农业保险的主要支持者。农业保险首先以农村互助保险协会的形式出现在德国，且持续生存和发展，并发挥了非常重要的作用。就中国目前的农业情况而言，建立和发展农民合作保险组织是一个非常正确的选择。这样既可以承担一般保险公司不愿承担的农业保险问题，又能结合合作保险组织成员的利益，实现自律管理、相互监督，减少和避免风险的发生。

第六章　四川新型职业农民扶持政策供给研究

第一节　当前四川省新型职业农民扶持政策供给主要内容简述

相比全国其他省份，四川省早在 2012 年便启动了新型职业农民培育试点工作，建立了以省级试点县示范区为平台，"转变农业发展方式为立足点，以提高农民素质和农业技能为核心，以资格认定管理为手段，以政策扶持为动力，积极探索新型职业农民培育的方法和路径"。[①] 2013 年四川省新增 40 个新型职业农民培育试点县，并以每年不少于 500 个的目标培育，仅 2013 年一年，四川省培育新型职业农民就已经超过了两万人次。四川省在各个方面对新型职业农民的培育进行了政策扶持。

一、加快农业立法，完善地方法规

2012 年中央一号文件提出，大力培育新型职业农民。四川省便启动了培育新型职业农民的试点工作，并于同年及时出台了《四川省新型职业农民培育试点工作指导意见》，迅速对全省新型职业农民培育工作进行了全面的部署和规划。2013 年，四川省又出台了《关于积极推进粮食适度规模经营的指导意见》，进一步明确并加大了对新型职业农民的种粮补贴。2014 年颁布了《四川省新型职业农民认定办法》，详细制定了新型职业农民的认定条件、认定程序以及管理服务，为四川省新型职业农民的培育增添动力。

---

① http://www. sc. gov. c/10462/10464/10465/10574/2013/10/30/10283916. html

105

二、建立多层级培育试点，培育工作全面展开

2012 年四川省选取蒲江县、广汉市、金堂县、崇州市四个县市作为部级新型职业农民培育示范点。2013 年在 4 个部级试点县的基础上，又增加了 40 个省级新型职业农民培育试点县。自此，四川省新型职业农民培育工作全面展开。

三、提供全面多方位的资金、金融信贷扶持

四川省农业厅每年都会针对每个新型职业农民培育试点县进行资金上的扶持。农民可以根据条件提出资金扶持申请。同时，在农民获得新型职业农民培训资格证书后，不仅可以申请享受各项涉农政策外，同时可以凭借新型职业农民资格证书获得免担保免息 30 万元的土地流转预期收益抵押贷款。

四、增加农业补贴

农业补贴作为支持保护农业发展的普遍措施，也是鼓励培育新型职业农民，调动农民参与新型职业农民培育的积极性的重要举措。2013 年，四川省农业厅、财政厅出台了对种粮大户提高直接补贴标准的政策。补贴标准根据种植规模而定，30~100 亩规模每亩的补贴是 40 元，100~500 亩的规模每亩 60 元，500 亩以上的种粮大户或者农村专业合作社，按照每亩 100 元进行农业补贴。四川省农业厅数据显示，"2013 年全省粮食直补、农资综合补贴、良种补贴、农机购置补贴资金合计 88.83 亿元，农民人均获得 131 元"[①]。农业补贴是减轻农民农业成本费用负担的重要措施，增强了农民职业转化和实现农业现代化的信心，受到新型职业农民的普遍肯定。实践证明，农业补贴在新型职业农民的培育过程中起到了积极的促进作用。

五、完善农田基础设施建设

四川省 2012 年启动新型职业农民试点工作开始，非常注重农田基础设施建设，为农业的发展，农民的培育打下了坚实基础。四川省对新型职业农民在土地整理和道路、水利等基础设施建设上可优先给予立项和扶持，大力鼓励新型职业农民到高标准农田建设区域从事农业生产。此外，新型职业农民领班的专业合作社可获得申报省、市、县级示范社的优先权。四川省在基础设施建设

---

① http://www.china.com.c/HQ/fly/2015-03-17/content_13382401.html.

方面为新型职业农民的培育铺平了道路。以前农田基础设施建设往往在农业生产开始前是重要的制约因素，但随着新型职业农民的不断深入发展，基础设施建设已经不再是职业农民最急需的政策。

六、全面实现土地流转

传统的土地制度即 1979 年开始实施的家庭联产承包责任制，在相当长的时间内大大促进了我国农业的发展。但随着我国农业集约化、规模化、机械化生产的发展，传统的土地制度已经暴露出了它的局限性。对此，国家提出了土地流转制度，即农村家庭承包的土地通过合法的方式，在保留承包权的基础上，将经营权转让给其他农户或者农村合作社等农村专业组织。土地流转制度的建立，将大大有利于我国农业生产实现现代化生产。四川省积极深入贯彻新型职业农民培育政策也正是建立在土地流转的基础上，逐步实现土地的集中化、规模化，科学规划，统一作业。

七、鼓励发展农民合作社，增强职业农民抵御风险能力

发展农民专业合作社是促进新型职业农民发展、增强新型职业农民抗风险能力的重要措施之一。合作社统一耕作、机械化操作、统一集资购买农业生产资料和器械，增强了农民农业生产实力，将分散的农户团结起来形成一个集体。同时，农民专业合作社作为农村新型职业农民的代表力量参与市场经济活动，避免了诸多中间环节带来的加价。同时，加入农民专业合作社也大大加强了农户抵抗农业风险的能力。四川省农业厅相关数据显示，四川省农民专业合作社达 34600 家。其中国家级示范社 27 家，省级示范社 830 家。入社农户达232 万户，带动农户 486 万户，全省超过 35％的农民加入专业合作社。

第二节　四川省新型职业农民扶持政策供给实效调查

一、调查基本情况说明

（一）调查方式和数据来源说明

调查方式和数据采取分层随机抽样，建立在充分考虑农业基础、地理环境、经济环境等因素的基础上，并选择四川省崇州市、广汉市以及内江市三市

的新型职业农民培育的扶持政策做分析。通过各个市的农业服务中心、农业合作社等，接触到分布在不同县的职业农民，并进行一对一的新型职业农民政策需求问卷调查。主要内容有：受访者个人基本情况，新型职业农民扶持政策的满意度，新型职业农民扶持政策需求调查，影响新型职业农民政策供给需求均衡的内外障碍因素以及对新型职业农民政策扶持的建议。

新型职业农民往往都分散在各个村、镇、县和市不同的地区，平日里更多的是在农田里工作，为了确保调查质量，我们进行了踩点访谈和预调查，以四川省崇州市的 50 位新型职业农民作为调查对象。一方面，检查所设计的问卷是否能够较好地反映出我们研究中所需要的信息；另一方面，根据预调查进一步修改完善调查问卷，从而增强了调查问卷的针对性及全面性。本次的调查人员全系"培育新型职业农民"课题组的成员，对当前四川省关于新型职业农民培育的扶持政策都有一定程度的学习和了解，同时深刻了解此次调查的任务以及相关的调查技巧。最终在 2015 年 1—3 月期间，由课题组带队成员 8 明，并分为 4 组，每组 100 份问卷，分别在成都市及成都周边的三个所选市进行调查。按照随机抽样的方式在每个市选择 100 位职业农民进行调查，通过访谈填写问卷的方式进行调查，共收回调查问卷 386 份。在对数据审核和录入后，最终确认调查文件为有效问卷 286 份。问卷有效地区分布见表 7-1。

表 7-1　新型职业农民政策扶持调查问卷（自绘）

省区	市、区、县	县、乡（镇）	有效问卷数量
四川省	成都市	金堂县、新津县	92
	崇州市	隆兴镇、羊马镇	94
	广汉市	兴隆镇、金鱼镇	95
	内江市	高桥镇、白马镇	97
	合计		378

注：数据来源于调查统计

1. 被调查地区的基本情况。

（1）成都市。成都市位于中国西南、四川省中部，是四川省省会城市。成都市地处四川盆地西部的成都平原腹地，地势平坦，东经 $102°54'E \sim 104°53'$ E；北纬 $30°05'E \sim 31°26'E$。全市东西长 192 公里，南北宽 166 公里，土地面积 1.23 万平方公里，辖 10 区 6 县 4 市，是中国西南部最大的平原，自东至西依次跨越了山地、平原、丘陵三种地形，土地类型多样化。成都水资源丰富，河网密布，每年 1000 毫米左右的降水量。成都自秦代以来，便是中国农业最为发达的地区之一，有"天府之国"美称。根据全国第六次人口普查的资料显示，截至 2010 年 11 月 1 日零时，成都市常住人口有 14040625 人，全市户籍人口为 11426985 人。[①]

2004 年起，成都市启动"农村劳动力转移培训阳光工程"，开展了农村劳动力转移就业培训工作，推动农业现代化发展，培养新型农民。2012 年成都在全国率先开展了农业职业经理人培育工作。时至 2015 年，成都市从实际出发，结合自身的特色，通过出台一系列相关政策，以金堂、蒲江、新津作为主要试点地区，创新新型职业农民培养模式，以每年培育两万新型职业农民为目标。2013 年在全省又新增了 40 个试点县，新型职业农民培育在全省全面展开。"成都市按农地经营规模给经营者补助，比如经营规模超过 100 亩，财政补助 100 元/亩，超过 500 亩补助 200 元/亩，超过 1000 亩补助 400 元/亩"。[②]

（2）崇州市。崇州市为成都市辖县级市，地处川西平原中西部，距离成都市区 37 公里。全市面积 1090 平方公里，平坝区面积 563.7 平方公里，占总面积的 52%，山区面积 471.52 平方公里，占总面积的 43%，丘陵区 54.95 平方公里，占总面积的 5%，山、丘、坝内共有水域 10 万亩，崇州市大体形成"四山一水五分田"的土地结构。总人口 64.15 万人，市辖 25 个乡镇。

2008 年以来，崇州市通过以土地股份合作社为核心，构建涵盖科技、社会、品牌和金融信贷服务的"1+4"新型农业经营体系，建立新型职业农民的培育长效机制，开始了推动粮食规模化经营的实践之路。崇州市将新型职业农民的资格等级评价与政策扶持力度挂钩，调动了广大种植能手、农机操作手等农业生产能人参与农业生产经营的积极性，并吸引了一批返乡农民工、经商办企业等农民重新回到农村专业从事农业生产。通过政策扶持培育新型职业农民，这些农民成为掌握了现代农业科学技术和经营管理方法的新型农民。截至 2013 年 10 月，"崇州全市已经培养农业职业经理人 1410 人，培养职业农民 4500 余人"，[③] 推动了新型经营主体就业就地化、职业化、产业化及组织化。

---

① 参见成都市统计局《成都市 2010 年第六次全国人口普查主要数据公报（第 1 号）》，2011 年 5 月 13 日。

② http://www.xcix.com/Article/69803.html.

③ http://www.5iny.com/info/news/2013−10−29/20462.html.

（3）广汉市。广汉市位于四川省中部，川西平原东北部。广汉市是全国100个新型职业农民培训试点县之一，广汉市是我国商品粮生产基地县、现代粮食产业生产基地、农业部粮食高产创建整县推进项目县和全国蔬菜生产点县。2013年全市有水稻面积38万亩、种植户1万户、大户108户；小麦面积20万亩、种植户1.2万户、大户87户；蔬菜面积23万亩、种植户0.7万户、大户103户；专业合作社113个；农机大户129个。

广汉市由于建立了新型职业农民的选拔机制、培育机制、管理机制、考核机制和信息交流机制，促进农业经营主体结构的优化和合理配置，构建新型职业农民管理体制。2013年开始针对辖区内愿意从事农业规模生产、愿意参加相关培训的农民开展新型职业农民培训，广汉市农业局邀请了省农科院、各大农业院校的专家教授为农民提供生产技术、农机技术、营销理念等全方位的培训，提升他们的综合素质和经营管理能力，2013年共800余人参加培训。

广汉市委市政府研究出台了一系列针对新型职业农民的扶持政策：新型职业农民领办、新办的农业生产基地，在土地整理和道路、水利等基础设施建设上可优先给予立项和扶持；鼓励新型职业农民到"高标准农田建设区域"从事农业生产。此外，新型职业农民领办的专业合作社可优先申报省、市、县级示范社。[①] 其中，金融机构出于对新型职业农民的信任，已经率先开辟这部分农民的无抵押贷款，助力他们发展现代农业。

（4）内江市。内江市位于四川东南部，东经$104°15'E\sim105°26'E$，北纬$29°11'E\sim30°2'E$。内江市受四川盆地自然环境的影响，气候温和、雨量丰富、光热充足，这也为农业的发展提供了先天的气候优势。全市辖区面积5386平方公里，现辖3县2区，111个乡镇，2070个行政村。2010年第六次全国人口普查数据显示，内江常住人口约为370万人。

2014年正式启动新型职业农民培训工作以来，内江市充分认识到新型职业农民与传统农民的区别，充分认识到新型职业农民培育的重要性。在推动农民职业化过程中，内江市政府积极进行政策引导，积极鼓励，充分利用农科院在科研领域具有高端性的资源优势，创造条件支持农民进入农业院校学习。通过农业中等学校抓实用新型职业农民的培育，通过农业大专院校抓杰出新型职业农民的培育，通过农业科研院所抓专业新型职业农民的培育，通过涉农部门针对当地产业发展需要，适时对农民进行短期培训。

内江市积极鼓励支持返乡农民工回乡从事农业生产经营，壮大新型职业农

---

① http://news.china.com.c/system/2014/09/04/021792721.html.

民队伍；倡导有志农业发展的非农人员从事农业开发，变成新型职业农民；扶持涉农大中专毕业生，运用所学的专业知识投入农业生产，成为新型职业农民。以政府财政扶持为主，增加对教育培训的资金投入，改善教育培训基础条件；加大对师资队伍建设的投入，保障新型职业农民有更多、更充裕的学习机会；建立新型职业农民创业基金，扶持新型职业农民创业；构建新型职业农民生产风险基金，降低农民创业风险。与此同时社会投入为补充，引导、鼓励、支持社会力量，特别是农业经济组织，增加对新型职业农民培育的投入，弥补财政投入之不足。最后，农民投入为辅助。要大力提倡新型职业农民对自我提升学习、继续学习的投入，对有学习意愿的新型职业农民可采取自身投资一部分、政府配套一部分的办法，调动其学习投入的积极性。

内江市在《加快构建新型农业经营体系专项改革方案》中，对培训主体、培训内容做出了明确详细的规定，同时建立分级评定和准入退出机制。在机制和政策上为新型职业农民的培育保驾护航。

2. 受访者个人基本情况。

（1）受访者个人的性别、年龄和受教育程度分析。通过预调查，我们将受访者定位于获得新型职业农民资格（新型职业经理人资格证书）的农民。在与所调查地区的新型职业农民进行座谈时，通过调查人员对每一位新型职业农民进行一问一答形式的调查，力求信息真实准确。

①在对我们调查对象的性别构成分析见表7-2，如图7-1所示，在新型职业农民培育过程中，申请并通过了考试获得新型职业农民资格证书的样本中，男性占66.67%，女性占33.33%。在访谈过程中，我们了解到，女性之所以较少参加新型职业农民培育，主要原因是女性的社会分工不同，女性更多的是负责家庭内部的工作。然而同时，我们也了解到仍然有一部分女性参加新型职业农民的培育，一方面，是基于常年种田的经验；另一方面，是自身有参与农业经济活动，获得经济收入的意识。而这样的女性年龄多在40岁以上，子女已经独立生活和工作，并且在访谈中我们发现女性参与新型职业农民培育的意识不断提高，数量也呈现增加的趋势。调查中，66.67%的男性中，有64%的男性是自始至终从事农业生产，包括年龄在50—60岁之间的中年男人和20—30岁之间的青年人主动选择从事农业生产。另外46%的男性是以往在外打工的青年返乡务农。

表 7-2　样本性别构成数据

	男	女	小计
样本（人）	252	126	378
百分比（%）	66.67%	33.33%	100%

注：数据来源于调查统计

样本性别比构成

图 7-1　样本性别构成百分比图

注：数据来源于调查统计

②所有受访者平均年龄为 41 岁，受访者大部分集中在 30 岁到 60 岁之间，见表 7-3。其中 30—40 岁之间占总样本的 47.64%，40—50 岁的 39.68%。调查过程中较少遇到到 20—30 岁之间的年轻人，仅占样本的 12.7%，这从侧面反映出当前新型职业农民政策对年轻人的吸引力不足。一方面，年轻人比较倾向于走出农村，去外面的世界闯一闯的心理；另一方面，其没有种田的经验，且从事农业生产的意愿较低。然而，可喜的是在所调查的新型职业农民中，30—40 岁的青年较 40—50 岁的中年人多出 8%，这在一定程度上也反映出了我国当前新型职业农民政策扶持对青年的吸引力在不断增加，其中从农业生产的经济收入在提高，政府近些年对农村、农民、农业的大力扶持以及长期可以和家人生活在一起是促使青年人做出从事农业生产的三大主要原因。

表 7-3　样本年龄分布表

	20—30 岁	30—40 岁	40—50 岁	50—60 岁	60 岁以上	小计
样本（人）	48	180	150	0	0	378
百分比（%）	12.70	47.64	39.68	0	0	100

注：数据来源于调查统计

③从文化结构来看（表 7-4 和图 7-2），在所调查的对象中，小学文化程度的占 34.92%、初中文化程度的占 55.56%、高中及中专、大专的文化程度

占 7.94%，而本科及以上文化程度只有 1.59%。这可以看出新型职业农民的文化水平较一般农民文化水平较高，这有利于新型职业农民的学习和发展。通过问卷分析可知：新型职业农民中以初中文化程度最多，其中成都市的文化程度最高。然而，从表 7-4 中我们也可以看出，新型职业农民中本科以上的学历仅占 1.59%，也反映了当前新型职业农民队伍整体文化水平偏低，文化水平的高低往往影响着新型职业农民对知识、技术、经营理念以及政策的认识和理解。然而，新型职业农民对高学历、高水平的青年人吸引力还远远不足。进一步提高其务农意愿，吸引高学历、高水平的青年人参与到新型职业农民中来，是全面提升新型职业农民素质的重要努力方向。

表 7-4　样本文化程度构成表

	小学	初中	高中及中专	大专	本科及以上	小计
样本数（人）	0	132	210	30	6	378
百分比（%）	0	34.92	55.56	7.94	1.59	100

注：数据来源于调查统计

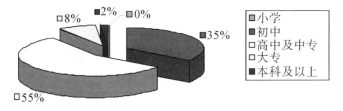

图 7-2　样本文化程度构成百分比

注：数据来源于调查统计

（2）受访者身份情况分析。①在设计调查受访者身份时，我们首先以是否参加了农业合作社或者农业专业组织为标准对样本进行了筛选。这主要是因为农村专业合作组织往往代表农户的利益，加入合作社大大提高了农户防范市场风险的能力。同时，农村合作社共同出资购买农业机械用具，提高了职业农民的生产力等。数据表明，81% 的新型职业农民都加入了当地的农村合作社，19% 的农户没有参加合作社，个人从事农业生产，如图 7-3 所示。在访谈中，我们了解到，这些未参加农村合作社的主要是从事养殖类的职业农民，相对来说总体人数要少一些，相应的养殖专业合作社也少一些。然而，农村合作社或者农村专业组织的发展大大提高了农民农业经营能力，提高了农户抵御市场经济的风险。农村合作社或农村专业组织相对更容易获得国家对农业生产的各项扶持政策和补贴。

是否参加农村合作社或农村专业组织

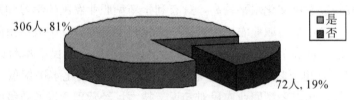

图7-3　意愿程度构成百分比

注：数据来源于调查统计

②将新型职业农民的类别，主要分为了以下几类：生产经营型，包含农业种植、养殖大户，家庭农场主、合作社组织成员、农村龙头企业带头人；生产技术型，包含农村信息员，农产品经纪人，农机操作手，代耕手，机防手以及动物防疫员等；专业技术型，主要包含了农业机械操作能人，农业技术人员等；农业产业工人，主要是指农业雇员，即获得了新型职业农民证书，但没有自己的种养基地，主要受雇于前三类的新型职业农民，获得工资收入。统计数据分析显示，见表7-5：有76.19%的新型职业农民属于生产经营型职业农民，生产型、技术型和农业产业工人分别占总样本的12.7%、7.94%、3.17%，如图7-4所示。可见，当前的新型职业农民主要从事的是农业生产，而从事农业服务和经营方面的农民相对少很多。

表7-5　受访者身份情况表

	生产经营型	生产技术型	专业技术	农业产业工人	小计
样本（人）	288	48	20	12	378
百分比（%）	76.19	12.70	7.94	3.17	100

注：数据来源于调查统计

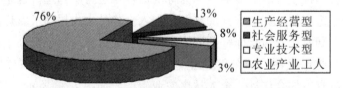

图7-4　受访者身份类别图

注：数据来源于调查统计

③对表中数据进一步分析，得知在76.19%的生产经营型职业农民中，50.7%属于种养殖大户，26.2%的农民属于家庭农场主，并且主要集中在内江市。这和我们之前了解到的内江市根据实地环境通过畜牧家庭农场的方式来实

现农业现代化是相符的。13.3％农民属于合作社带头人，而这些合作社带头人也呈现与种养殖大户身份交叉的现象。也就是说，有些新型职业农民作为种养殖大户带头建立农业合作社。然而为了数据的准确性，针对每一种类型的职业农民进行唯一类别的归属，不做重复分类，虽然在一定程度上影响信息的反馈，但并不影响我们最终的调查结果。最后，农业龙头企业带头人为9.8％，可以看出当前新型职业农民培育仍然处于刚刚起步的阶段，主要集中在传统的农业生产方面，如图7－5所示。与此同时，农村中也逐渐出现大规模的农场主，农村企业也逐渐多了起来。这对农业实现现代化，传统农民向职业农民的转变有着有利的促进作用。

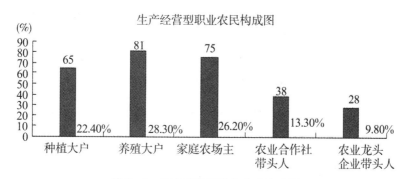

图7－5　生产经营型职业农民构成图

注：数据来源于调查统计

二、新型职业农民是否已享受到扶持政策调查

在调查之前，我们课题小组将国家对培育新型职业农民扶持政策根据主要内容进行了划分，包括教育和培训政策、资金扶持政策、农业补贴政策、税收优惠政策、土地政策、农业保险政策以及项目扶持政策。对于每一项政策的详细内容见表7－6。

表7－6　新型职业农民扶持政策一览表

扶持政策	政策主要内容
教育培训	组织培训学习、开办培训班、聘请专家讲授农业科学技术知识及技能培训
资金扶持	启动资金、免担保无息农业贷款等农村金融服务
农业补贴	政策鼓励性补贴、农机购置补贴、农资综合补贴等
税收优惠	减免农业增值税等

续表

扶持政策	政策主要内容
土地政策	土地流转政策扶持、建设用地
农业保险	针对各种粮食作物、果树、畜牧养殖等具体的政策性农业保险
项目扶持	农业项目优先申请、优先批准等支持政策

在对新型职业农民是否享受到了扶持政策的访问调查中，几乎全部的农民都做出了肯定的回答。这主要跟本次调查的样本抽取有关系。本次样本抽取的是获得新型职业农民准入资质的农民，即统一接受过新型职业农民教育培训和考试的农民。所以几乎所有的农民选择接受教育培训扶持政策。这也表明当前四川省新型职业农民的教育培训进入了全面展开和发展的阶段。因为同一位新型职业农民可以同时获得多项政策扶持。因此，我们从政策的主要内容进行划分，进行了包括教育培训在内的八项政府扶持政策供给情况，如图7—6所示。

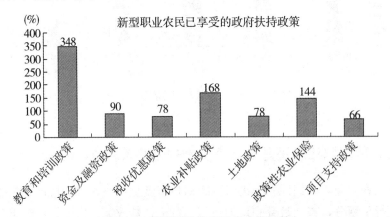

图7—6　新型职业农民政府扶持政策

注：数据来源于调查统计

在收集的378个样本中，我们针对"教育和培训政策、资金及融资政策、税收优惠政策、农业补贴政策、土地政策、农业保险政策及项目支持政策"扶持政策受惠高低排序，其比例依次是：92.06%、23.81%、20.63%、44.44%、20.65%、38.1%、17.46%，结果如图7—6所示。四川省的调查结果显示，在有效的样本中，教育培训扶持政策、农业补贴政策以及农业保险政策惠及的职业农民最多，分别占总样本的96.06%、44.44%、38.1%。其中惠及职业农民最少的政府扶持政策为项目支持政策，仅有17.46%的农民享受到了此项扶持政策。可以看出大部分职业农民还是享受到了政府的优惠政策，

享受到了政府的优惠政策，提高了新型职业农民的价值认同和政策支持。但还有小部分的农民认为没有享受到政府的扶持政策，甚至不了解政府的扶持政策。这说明在农民享受政府扶持政策的标准制定中存在着一定的不足，同时不能保证没有因人际关系而带来的"假公济私"的情况发生。另外还有极少一部分农民回答不知道、不了解政府的扶持政策，这可能来自两个原因：一是政府的扶持政策宣传得不到位；二是农民参加相关政策的了解和学习意识不够强。针对这些情况，我们应该加强对新型职业农民扶持政策的宣传力度，同时提高职业农民群体主动了解、学习与自身密切相关政策的意识，从而使每一位新型职业农民清楚明白自身在当前的农业现代化过程中所享有的一切权益和优惠政策。

三、新型职业农民没有享受到扶持政策原因分析

以上的理论分析，为我们了解四川省在职业农民的培育方面提供了全面的政策解读。然而在实际的调研中，我们也了解到一些职业农民未能如政策所预设的那样合理享受到政策的扶持。在关于未能享受到政策扶持的原因调查中，我们了解到主要有以下五个原因：①政策宣传不到位，同时农民缺乏了解政策的渠道；②政府落实不到位；③政策扶持力度不够，很难受到扶持；④农民自身缺乏了解学习相关政策的意识；⑤当前农业生产不够深入，暂时不需要相关政策。

根据我们的调查得出以下数据，如图7-7所示，由图可知，仅7%的农民认为主要原因是地方政府政策的宣传不到位。这表明，新型职业农民扶持政策实现了相对有效的宣传。通过调查我们发现，农村合作社组织、农业专业组织在政策宣传过程中起到了重要的促进作用，新型职业农民视其为信息咨询基地。有38%的农民认为政府是否有效地落实政策才是政策发挥作用的重要因素。政府具体部门、工作人员是否能够公平、公正地落实政策是影响农民能否享受到相关政策的重要原因。近23%的农民也认为自身缺乏积极了解和学习相关政策的意识，是导致自身无法获得政策扶持的另一个重要原因，然而农民意识到自身缺乏学习的意识已经表明农民本身在进步。有15%的农民认为政策的扶持力度有限，只能给农民带来有限的实惠。有17%的农民认为自己的农业生产还未深入，未涉及相关政策，这应该和我们整个样本的抽取有关系。

在对整个样本的分析中，我们发现有一部分农民是刚刚参加完新型职业农民教育培训获得新型职业农民资格证书，其参加农业生产也未深入，对于参加项目扶持的政策很少涉及。

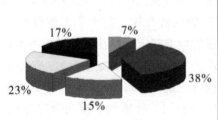

图 7-7　农民未享受政府政策扶持原因分析

注：数据来源于调查统计

四、新型职业农民对扶持政策供给满意度调查

农民群体对新型职业农民扶持政策的满意度如图 7-8 所示，由图可知有 87% 的人选择了对扶持政策的肯定，其中有 63% 的农民选择了满意以上的评价，只有极少数的 10% 的农民选择的不太满意。这说明当前的新型职业农民培育扶持政策还是比较受农民的欢迎和接受的。但是在图中我们也不难看出，在多项扶持政策中，资金、培训、税收和农业保险政策实施得较好，土地政策对职业农民的培育影响较小，说明了在土地大规模的流转制度中依然存在着一定的障碍，影响着新型职业农民的培育和发展。同时也表明，在未来的新型职业农民扶持政策中，应该由政策层面向制度层面不断地深化与推进。

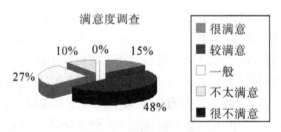

图 7-8　满意度调查

注：数据来源于调查统计

五、新型职业农民扶持政策供给获益度排序

与此同时，在调研过程中，我们对政府供给的扶持政策中，哪些政策给农民的帮助最大，哪些政策对农民的帮助最小。我们预期的是否和实际过程中的结果一致，对此我们进行了相关的数据分析。本文针对政府提供的八方面的扶持政策（即"教育和培训""资金扶持""农业补贴""农业保险""基础设施建

设""税收优惠""项目扶持"以及相关的"土地政策")赋予权重，每一项政策获益分值分别都是从 0 到 10，0 分表示农民没有获益，10 分表示农民获益最多。通过对所有样本中每一项政策的获益度进行加权计算，最终根据农民获益的多少，对扶持政策进行了排序，如图 7-9 所示，图中显示其中获益最多的三项政策是教育和培训、资金扶持以及农业补贴；获益最少的三项政策则是政策性农业保险、项目支持以及土地政策。

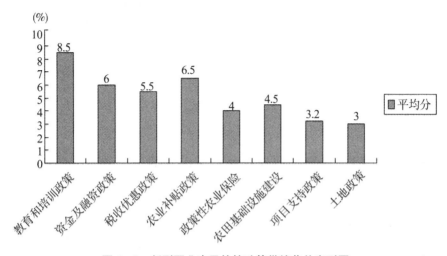

图 7-9　新型职业农民扶持政策供给获益序列图

注：数据来源于调查统计

六、政策供给中新型职业农民最需要的三项政策

虽然，90％的农民对当前政府供给的扶持政策给予了肯定的评价。我们课题组在此基础之上又进一步调查了在当下的政府扶持政策中，农民最需要的三项扶持政策是什么。农民因为自身的农业生产发展状况不同会有不同的选择，但整体上依然表现出了一定了趋同性（图 7-11）。其中选择最多的是资金扶持、项目扶持以及土地政策的扶持。

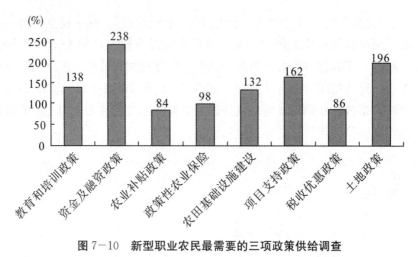

图 7-10　新型职业农民最需要的三项政策供给调查

注：数据来源于调查统计

七、政策供给中新型职业农民最不满意的三项政策

与此同时，我们也调查了职业农民最不满意的三项扶持政策，如图 4.9 所示，可以看出，最不满意的三项扶持政策分别是：资金扶持、农业补贴和农业保险。其中资金扶持也是新型职业农民最需要的扶持政策。这就表明当前四川省新型职业农民政府扶持政策供给与需求存在着一定程度的不均衡。

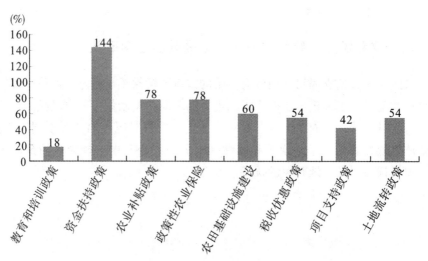

图 7-11　新型职业农民最不满意的三项扶持政策

注：数据来源于调查统计

八、新型职业农民对扶持政策供给的需求程度排序调查

通过政府的扶持和农民自身努力，我国新型职业农民的培育取得了阶段性成果。大部分的职业农民都享受到了职业培训的政策扶持，同时也对政策的认识和理解在农业生产的过程中不断加深。这为我国农业的发展，农民的培育在新时代开启了一个好的局面。然而，新型职业农民发展也面临着许多难以克服的瓶颈问题。

要想进一步提升新型职业农民在未来发展过程中的市场竞争能力、科技创新能力以及抵御风险能力，造就一支真正"有文化、懂技术、会经营"的新型农业主力军，就必须着力解决这些问题。从总样本均值来看，86.43%的培育对象都享受有政府性补贴（如粮食直补、农机购置补贴）。但在实际调查中我们发现，他们已经获得的扶持政策与实际需求还存在一定差距，这也正是许多被调查者反映在生产经营过程中遇到很多困难的主要原因。为此，我们以生产经营型、社会服务型以及专业技术型这三大类型的职业农民来划分（因为农业产业工人所占比例有限，故暂不考虑），同时对相关政策进行了进一步了细分。通过对他们的相关政策需求进行排序，并进行总结分析，见表7-12。从各种培育对象政策需求来看，对政策需求最强的五项依次为政府资金（或项目）扶持、农业补贴、土地流转服务、项目扶持支持、农业信息和技术服务推广等农业科技培训。

值得一提的是，农业生产中设施用地不在农业生产用地之列，这样一来职业农民用来存储粮食和机械的房屋建设属于违规建筑，农民无法获得建设用地的批准，农业生产也将因此受到影响。这表明了当前新型职业农民土地扶持政策还有待进一步完善。同时也提示我们在新型农民职业过程中，应准确把握新型职业农民的真正需求，有针对性地提供政策扶持，不能理论脱离实际。

表7-7　新型职业农民群体对扶持政策的需求排序调查

	生产经营性	社会服务型	专业技术型	总体
政府资金扶持	①	①	①	①
农业补贴扶持	②	②	③	②
农业保险扶持	⑥	⑤	⑥	⑥
土地流转服务	③	③	④	③
农业科技培训	⑤	⑥	⑤	⑤

续表

	生产经营性	社会服务型	专业技术型	总体
税收优惠政策	⑦	⑦	⑦	⑦
基础设施建设	⑧	⑧	⑧	⑧
项目扶持政策	④	④	②	④

注：数据来源于调查统计；①至⑧表明新型职业农民培育对象政策需求依次减弱，即①最强，⑧最弱。

九、影响新型职业农民扶持政策供给实效的因素调查

在调查进行到最后，我们发现政府的扶持政策在整体上受到了农民的一致肯定，只是存在着一定程度的不均衡。一方面，表现在政府提供的扶持政策与农民最需要的扶持政策存在一定的差异；另一方面，表现在政府提供最主要的扶持政策却成了职业农民最不满意的政策内容。对此，我们针对受访者，进行了职业农民政策供给实效发挥的妨碍因素硬性调查。针对妨碍因素，我们设定为：（1）政府不能有效地将扶持政策传达给农民；（2）农民自身不积极参与了解关于新型职业农民的扶持政策；（3）政府落实新型职业农民扶持政策不到位；（4）政策执行过程中存在着不规范操作；（5）政府制定的扶持政策不能给农民带来优惠；（6）职业农民没有表达政策需求的渠道。其中最主要的原因是：28.5%的农民认为政府对相关扶持政策的落实不到位；其次是24.1%的农民认为政策执行过程中存在不规范的操作（例如"关系户"等）造成了政策资源的不公平性分配；再者，17.2%的农民认为自身也存在着一定的原因，即参与新型职业农民政策扶持学习积极性不高，如图7-12所示。

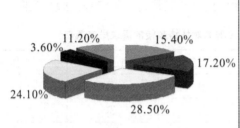

图7-12　影响新型职业农民扶持政策供给实效因素构成图

注：数据来源于调查统计

第三节　四川省新型职业农民扶持政策供给中存在的问题

从 2005 年"新型农民"的提出到 2012 年"新型职业农民"的专业化界定，中间经历了农业生产规模化、集约化、机械化的现代化过程。农民职业化、新型化呈现了迅速发展的良好势头，其积极作用体现在推进农业产业化经营、农业现代化建设以及增加农民收入等方面。总的来说，国家层面的扶持政策主要包括财政扶持政策、税收优惠扶持政策、土地扶持政策、培育和培训扶持政策等。地方政府层面上则包括财政、土地、用电、税收、金融保险、教育培训等更加具体的政策。通过对四川省新型职业农民扶持政策供给的文本分析，四川省在新型职业农民实施的总体政策包含：加大财政扶持力度，组织典型示范区；整合支农资金项目和政策，形成扶持合力；实行税收优惠，扶持农民专业合作社的发展；优化农村金融服务环境等。然而，在以上针对四川省新型职业农民培育扶持政策调研中，我们了解到扶持政策在新型职业农民初期发展中起到了一定的扶持作用，而在新型职业农民培育不断深化的过程中，扶持政策出现了与农民政策需求不对等的问题。通过前文我们可以了解到农民在新型职业农民培育扶持政策中受惠最多的不是农民最需要的，同时受惠最低的政策或许是农民比较需要的政策；在图 7-8 中受惠最低的土地流转政策，而在表 7-6 中，却排在农民政策需求的中间，这表明当前新型职业农民培育扶持政策供给与农民政策需求存在着一定程度上的不均衡。

由以上的实证分析，我们可以看出政府的政策扶持在新型职业农民培育和发展中，起着重要的引导作用。由于我国农业现代化起步较晚，新型职业农民的培育和发展工作也处于刚刚起步的阶段，如果没有政府的政策扶持和引导，单靠农民自身的发展，实现农业现代化、农民职业化将是一个漫长的过程。然而，政府的扶持力度不足，将不能充分调动农民职业化的积极性，政策供给过剩，难免出现享受到国家相关的农业补贴后，却不再从事农业生产的情况。在实际的调研过程中，我们了解到这样的现象绝非个例。政策供给不足，或者政府政策的供给与职业农民的需求不能实现相对均衡，都无法有效地持续地促进新型职业农民的培育和发展。

四川省在各个方面都对新型职业农民的培育进行了政策扶持，尤其是在教育培训、资金扶持和农田基础设施方面取得了积极的进步，但同时也存在着一些不足。

一、教育培训时间短且内容偏重理论

教育培训是培育新型职业农民的重要内容，是快速全面提升农民的综合素质和科技能力的重要措施。2012 年四川省启动培育新型职业农民试点工作以来，探索多种教育、培训形式，完善培训内容。2013 年四川省农广校"阳光工程"，与县市级的各级单位联合开办培训班，在进行理论知识培训的基础上，结合各地的实际情况，开展田间实践培训。举办培训班是四川省提升农民综合素质，培育新型职业农民的主要方式之一。截至 2013 年 9 月，40 个试点县每个试点不少于 500 人次，则接受新型职业农民培训的农民已超过两万人次。

然而，在实际的调研过程中，我们还了解到，当前四川省新型职业农民培训存在着一些不足。首先，通过调研，四川省新型职业农民培训每次培训实践 3~5 天，大部分是 3 天；其次，培训的内容多是理论知识，实践操作的技能开展得较少。最后，在我们针对政策参加培训的职业农民进行调查时，了解到当前某些新型职业农民教育和培训流于形式化。培训中对培训内容是否是当前农民最需要的，以及在实际农业生产中起到怎样的效果都缺乏相应的针对性。

二、农业补贴对象主要以传统农民为主

农业补贴作为支持保护农业发展的普遍措施，也是鼓励培育新型职业农民，调动农民参与新型职业农民培育的积极性的重要举措。四川省农业厅、财政厅 2013 年出台了对种粮大户提高直接补贴标准的政策，补贴标准根据种植规模的不同而不同，30~100 亩规模每亩的补贴是 40 元，100~500 亩的规模每亩补贴 60 元，500 亩以上的种粮大户或者农村专业合作社，按照每亩 100 元进行农业补贴。四川省农业厅数据显示，"2013 年全省粮食直补、农资综合补贴、良种补贴、农机购置补贴资金合计 88.83 亿元，农民人均获得 131 元"[①]。农业补贴在一定程度上降低农民农业成本费用负担，但农业补贴是直接发放到所有有田地的农民（即传统农民）手中，而非规模生产的新型职业农民。农业补贴在增加普通农民收入中起到的作用很有限。在实际调研中，部分传统农民也向我们反映了在实行新型职业农民政策后，农业收入增加较少，有的甚至会减少。原因在于其所得到的农业补贴低于以前农业生产中的收入。对于那些既有农田，又进行规模生产的新型职业农民，得到的农业补贴并不多。

---

① http://www.china.com.c/HQ/fly/2015-03-17/content_13382401.html.

三、资金扶持存在一定程度的政策供给过剩

四川省农业厅每年都会针对每个新型职业农民培育试点县进行资金上的扶持。农民可以根据自身条件进行资金扶持申请。同时，在农民获得新型职业农民培训资格证书后，不仅可以申请享受各项涉农政策外，同时可以凭借新型职业农民资格证书获得免担保免息30万元的土地流转预期收益抵押贷款。然而在实际调研过程中，我们也了解到大部分农民都是知道国家有关于新型职业农民资金扶持政策的，但对于如何去申请，去哪里申请，只能靠当地政府的政策宣传和落实。这也表明，农民在利益诉求方面缺乏合理的表达渠道。与此同时，在调研中我们也发现在资金扶持政策供给中存在一定程度的政策供给过剩，尤其是在对一些个别区域、地方或个人的农业补贴和扶持资金呈现相对集中的现象，政策供给集中于个别地方或个人（例如承包千亩以上的新型职业农民），造成了政策资源的个别化，政策供给超过了合理的程度。个别新型职业农民拿到国家的大量政策补贴后，便不再积极进行农业生产，造成了不必要的社会浪费和不公平现象，好在这样的情况虽然存在但并不普遍。

四、农田设施建设作用具有一定的局限性

四川省2012年启动新型职业农民试点工作开始，注重农田基础设施建设，为农业的发展，农民的培育提供基础。四川省对新型职业农民在土地整理和道路、水利等基础设施建设上可优先给予立项和扶持。大力鼓励新型职业农民到高标准农田建设区域从事农业生产。此外，新型职业农民领班的专业合作社可获得申报省、市、县级示范社的优先权。四川省在基础设施建设方面为新型职业农民的培育铺平了道路。农田基础设施建设往往在农业生产开始前会起很大的作用，但随着新型职业农民的不断深入发展，基础设施建设已经不再是职业农民最急需的内容。

五、土地流转存在一定程度的政策供给不足

传统的土地制度（家庭联产承包责任制）曾一度大力促进了中华人民共和国成立后农业的发展。随着我国农业集约化、规模化、机械化生产的发展，传统的土地制度已经显示出了它的局限性。对此，国家提出了土地流转制度，即农村家庭承包的土地通过合法的方式，在保留承包权的基础上，将经营权转让给其他农户或者农村合作社等农村专业组织。土地流转制度的建立，将有利于

我国农业生产实现规模化、集约化、机械化作业。四川省深入贯彻新型职业农民培育政策也正是建立在土地流转的基础上，逐步实现土地的集中化、规模化，科学规划，统一作业。在调查地区也基本实现了土地流转，但存在的问题是，农业生产配套设施建设用地申请极其困难。

第四节　解决四川省新型职业农民扶持政策供给问题的对策建议

一、注重实践，准确把握新型职业农民的政策需求

新型职业农民扶持政策的供给是促进新型职业农民培育和发展的重要政治资源。没有国家的财力、物力、法律、制度、科技等多方面的政策扶持，新型职业农民的培育和发展也将无从谈起。与政策供给相对的是政策需求，从市场经济理论来讲，需求产生供给。在新型职业农民扶持政策供给中，应准确把握农民的政策需求，有效地避免出现政策供给过剩和政策供给不足的问题。通过对四川省新型职业农民扶持政策供给的实证研究，发现政策供给中存在问题的一个重要原因就是缺乏连续性的实践调查。农民的需求在农业经济活动中不断的发展变化，政策的制定也应根据农民需求的变化而做出科学合理的调整，农民的政策需求也视政府政策供给的能力而调整。而对政策供给和需求的把握，都离不开对实际情况的连续性调查。只有在实践的过程中，理论联系实际，才能实现政策供给与政策需求相对的均衡，达到新型职业农民扶持政策的最大效益。

政策扶持是政府作为政策的主导方，提供新型职业农民所需要的各项扶持政策。政府的政策供给也是新型职业农民获得发展所离不开的重要政治资源。然而，当前政策的供给，上至顶层设计下至地方政府的具体实施，都是沿袭传统的自上而下的逻辑思路，不可避免地存在着路径依赖、理论脱离实际的问题。农民的真实需求得不到重视，外加尚未建立有效的利益诉求表达渠道，新型职业农民的真实需求无法得到有效的反映，导致在职业农民培育的过程中农民主动性不足甚至存在消极、抵触情绪。在对政策需求把握不足情况下提供的政策供给，容易产生政策供需非均衡的问题，将会大大降低政策的有效性。新型职业农民的政策需求是其在自身利益比较的基础上自下而上提出的。将参与式的理念运用于新型职业农民的培育过程，重视农民在农村发展中的主体地

位，既可以增强农民的责任感，又可以实现农民主观需求、农村客观实际与职业农民培育过程的对接。"参与式方法即通过项目对象与外部发展干预的相互协调以实现目标群体的自我发展"①。只有鼓励尊重农民的主体地位，重视农民需求，鼓励农民多参与，充分发挥农民自身的创造性和作用，才能真正调动新型职业农民自我发展的内在动力。

二、提高现有的知识存量和政策的供给水平，提高政策供给效益

政策，是指为实现一定历史时期的路线而制定的行为准则。政策本身内容的科学性、合理性直接影响政策实施后的实际效果。政策供给，是指实际生产或提供政策。政策供给使人们对政策的需求，即决策者对公共问题做解决。在法制不健全、体制不完善的时候，政府可以以政策的方式来填补政策缺失的真空。现有的知识存量、技术水平是影响政策供给的重要因素之一。提高政策供给的效益，要求在保证政策效率的基础上，通过提高政策供给技术水平和管理水平降低政策供给成本。政策的建立、运行、维护及变革都需要一定的成本和费用。现有的新型职业农民扶持政策应该能够有效调动新型职业农民的积极性，促进农业生产的现代化发展。同时，新型职业农民扶持政策的制定必须符合当时、当地的具体情况，保证政策运行效益大于运行成本。只有这样才能保证新型职业农民扶持政策供给的持续性和实效性。

三、树立政策制定者正确的价值偏好，提高政策供给客观性

政策的供给主要取决于在既定的政治经济秩序下提供新的政策安排和能力和意愿。决策者的性格、价值观、常识修养都会影响到其对问题的看法和态度，同时也会进一步影响到政府落实政策的实际效果。其具体政策内容的设计和制定是否遵循了理论符合实际的原则，政策的宣传是否到位，政策的具体实施是否真正落实是政策实现预期效果的重要影响因素。除此之外，政府作为人民的服务者，领导是否具有强烈的责任心，是否具有正确的价值观，是否正直公正是影响政策实施效果的隐形因素。在实际调研过程中，我们也发现四川省存在着一定程度的公务员徇私舞弊的行为。很多真抓实干的农民因为公务员的不规范执行，没有获得相应的政策优惠，很多大张旗鼓从事农业生产的"关系户"，在获得了国家多项农业补贴后，不再深入开展农业生产，这也造成了政

---

① 李小云，齐顾波，徐秀丽. 普通发展学 [M]. 北京：社会科学文献出版社，2005.

策供给不能很好地满足农民的政策需求。因此，政府自身是否公正作为，政府自身的素质也是影响政策供给的重要因素。树立政策制定者正确的价值偏好，建立科学的政策供给的客观性。

四、掌握新型职业农民培育和发展的规律，提高政策的科学性

新型职业农民从某种程度上来说，是农业发展现代化、市场化和专业化的经济催产物。正如新型职业农民的含义所说，农民将不再是身份的象征，而成为一种职业的标识。作为一种职业，其发展的规律也必将遵循市场经济发展的规律，其发展和完善也是一个长期的过程。在培育新型农民的过程中，应该客观把握新型职业农民发展的规律，不能急于求成。同时，新型职业农民的职业教育不等于新型职业农民的培育，新型职业农民的培育是一项系统立体的工程，是国家、社会多方形成长期合力才能完成的工程。培育新型职业农民需要循序渐进，理论联系实际，科学制定扶持政策内容。2012年四川省启动新型职业农民培育试点工作起，已陆续出台了多项关于培育新型职业农民的政策，但其所有政策制定都遵循着自上而下，即根据中央关于新型职业农民培育政策的顶层设计，根据本省的实际情况，从理论上制定路线和方针。传统的政策制定路线，长久以来都存在着一个共同的问题，即政策供给具有很强的理论性，与实际需要存在着一定甚至较大程度的不符合。与此同时，各地的具体实施政策大多依葫芦画瓢，呈现大同小异的特点。这难免造成全国各省新型职业农民的培育和发展走的都是大体相同的路子，忽视自身实际特点，造成理论与实际不符合。提供有效的政策供给，需建立政策制定的科学与合理的基础上。只有科学的政策供给，才能符合实际生产的规律，只有合理的政策，才能满足农民实际的需要，才能促进新型职业农民的培育和发展。只有提高四川省当前对新型职业农民培育和发展规律的掌握程度，提高现有的关于新型职业农民培育发展的知识存量，提高政府政策供给的技术和管理水平才能有效地提高政策供给的水平。

五、提升新型职业农民的认知水平，深化政策供给的实际效果

新型职业农民对新型职业农民培育和发展公共政策的认知、态度，以及对相关政策的学习层次对政策供给的落实效果有着至关重要的影响。新型职业农民作为惠农政策的承接者，其自身的素质和能力影响其对政策供给的理解和运用。农民是否积极主动参与了解新型职业农民培育扶持政策，以及其对政策供

给的认知水平极大地影响着政策供给实际效果的发挥。在调查中我们发现，不少农民对新型职业农民培育政策的认知停留在较低层次的理解。对新型职业农民培育和发展的战略意义、实现农业现代化的战略意义缺乏深刻的认知。在具体的政策学习中，新型职业农民也仅仅停留在对政策的初步了解层次上，被动地接受政府的提供，大大降低了政策供给的作用。只有全面提升新型职业农民的素质，充分调动新型职业农民的参与度，主动学习，提升其对政策供给的认知程度，才能在实际农业生产活动中，起到提高政策供给的作用。

六、建立有效的政策监督机制，保证政策供给的有效落实

政策供给涵盖了政府制定政策、执行以及根据实际情况调整完善政策的一个连续的循环的过程。在这个过程中，中央政府作为政策的制定者，从整体上引导和规划我国新型职业农民的政策扶持。地方政府作为政策的执行者，制定和落实具体的扶持政策。在新型职业农民扶持政策中，地方政府比农民具有更高的主动性，农民的需求视政府的供给而定。地方政府因具备一定的权力，掌握着大量的涉农优质资源，如果不加强对地方政府的监督和自我约束，极易产生官商勾结、徇私舞弊等严重后果。因此建立有效的监督机制，树立政府"以人为本""为人民服务"的价值观，强化政府的责任心对于培育新型职业农民显得尤为重要。

第七章 广西柳州市三江县茶叶产业及新型职业农民发展情况

在本章中，笔者通过访谈、数据和材料收集了解了三江县茶业的发展和职业农民的整体情况。其中，当地茶业的发展反映了当地农民的职业化发展进程。

第一节 当前广西柳州市三江县职业农民职业化发展的实证调查设计

本章的研究设计，确定了茶业产业和专业农民专业化的标准，选择了三江县的八江、林溪、同乐、独峒、良口等5个万亩茶叶大乡，将其标准示范茶园和茶叶生产基地为调查点。根据茶叶产业链的各个环节，选择茶叶制造商、茶叶经纪人和村干部作为调查对象。问卷和访谈主要用于调查他们的教育、专业化、市场化和组织四个方面的基本情况。

一、调查目的

为了解职业农民的专业化，我们从教育、专业化、市场化、组织化四个方面了解专业农民的基本情况。通过调查，我们试图获得三江县茶叶生产发展、职业农民收入、茶叶产业现状和政府部门政策的数据，以了解影响职业农民发展的宏观因素，通过专业化、教育程度、专业技术、市场化、组织化等数据，了解农民自身影响因素。

二、调查地点

作为少数民族贫困县的三江县，由于社会历史和自然环境的影响和制约，农民很难摆脱贫困并致富。县委、县人民政府结合实际，利用三江县的地理位置和自然条件，根据当地情况选择茶叶项目纳入县域农村经济发展的重要战略目标，呼吁和支持农民种植茶叶、出售茶叶和经营茶叶公司，以此加强三江茶业的发展。在县干部和农民的共同努力下，茶叶产业近年来发展迅速。现在，茶叶产业逐步走向规模化、产业化、标准化和技术化，生产和加工的茶叶出售到其他省份，甚至出口到国外，已成为助农摆脱贫困的支柱产业。由于高产优质的茶叶生产，三江茶被列为国家地理标志保护产品，同时，三江县还赢得了中国"名茶之乡"、全国十大生态茶产县、全国十大重点茶叶产区县的荣誉。

茶业的发展带动了农民的发展，农民参与了茶业的发展和产业链的各个环节，促进其职业化发展。柳州统计年鉴和三江县茶叶办统计数据显示，截至2013年年底，全县茶园面积14.8万亩，茶叶产量1万多吨，产值10多亿元，种植农户4.8万户，茶员工30多万人。从事茶业的人数超过10万人，占该县劳动力的90%以上。

三江县有15个乡（镇），154个行政村种植茶叶。通过政策引导、奖励和扶持，三江茶叶生产发展迅速，现已形成八江、同乐、独峒、良口、林溪5个万亩茶叶大乡以及布央、八协等超过40个千亩茶叶生态村，建立形成八江乡布央茶场、同乐乡黄家能茶场、独峒乡大塘坳茶场、良口乡燕茶村茶场、林溪乡程阳茶场等大规模经营茶场，每户茶农平均拥有5.6亩茶园。种植的茶园面积从3.5亩到200亩不等，大部分种植面积约为10亩。茶场包含茶园、茶叶基地和茶叶加工厂。职业农民分布在不同的茶产业链中，从事茶叶种植、茶叶采摘、茶叶加工、茶叶销售和茶叶管理。本文将调查范围缩小到五个大型茶园进行抽样调查。

三、调查对象

从本文的观点出发，促进职业农民职业化，是为了更好地促进传统职业农民向茶业工人的培养，将传统农民培养成有专业素养的职业农民。由于农村劳动力的多样性和复杂性，为了更有效更方便地调查，笔者根据茶叶产业链中生产、加工、销售、经营管理和服务的特点，将职业农民分为生产技能型、服务型、经营管理型进行调查。

生产技能型专业农民是指具有一定文化素质的农民，掌握一定的茶叶生产技术，具有丰富的茶叶生产经验，直接从事茶叶种植、加工、生产并达到较大规模，在同等投入条件下，单位产量或效益明显超过当地平均水平，具有一定的带动作用，可以帮助农民增加收入的人，包括茶园能手和茶叶加工能手。

服务型专业农民是指掌握某些茶业服务技能的群体，他们虽然不直接参与茶叶种植生产，但服务于农业生产产业链的各个方面，包括致力于茶叶生产服务的科技人员、茶叶经纪人、乡村干部等。经营管理型职业农民是指了解茶叶生产，具有一定资金或技术，既有丰富农业生产经营经验，又有较高的管理能力，主要从事农业生产经营组织管理的职业农民，包括茶叶公司管理人才、茶叶专业合作组织领导或重要成员。

四、调查内容

（一）调查内容确定的依据

1. 以国家政策相关文件为依据。

长期以来，中国的决策层和各界人士都高度重视"三农"问题。国家不断出台相关政策，见表8-1，着重从"有文化、懂技术、会经营"等方面改善农民的文化教育、专业技术技能和综合素质，逐步依靠鼓励龙头企业和新型农民专业合作组织的发展，完善农民组织，提出培养新型职业农民的重要思路。

表8-1　国家对于培养新型职业农民相关政策文件

发布时间	政策文件及相关内容
2005 年 10 月	《中共中央关于制定国民经济和社会发展第十一个五年规划的建议》中指出要培养有文化、懂技术、会经营的新型农民
2006 年 2 月	《关于积极发展现代农业扎实推进社会主义新农村建设的若干意见》指出招收 10 万名具有初中以上文化程度，从事农业生产、经营、服务以及农村经济社会发展等领域的职业农民，把他们培养成有文化、懂技术、会经营的农村专业人才
2007 年 1 月	《中共中央国务院关于积极发展现代农业扎实推进社会主义新农村建设的若干意见》首次正式提出培养有文化、懂技术、会经营的新型农民，努力把广大农户培养成有较强市场意识、有较高生产技能、有一定管理能力的现代农业经营者
2012 年 2 月	中央一号文件《关于加快推进农业科技创新持续增强农产品供给保障能力的若干意见》，强调要加快农业人才培育尤其是农村实用人才培养，包括现代农民培训，着力解决"将来谁来种地"的问题
2013 年 2 月	国务院《关于加快发展现代农业进一步增强农村发展活力的若干意见》指出大力培育新型农民和农村实用人才，着力加强农业职业教育和职业培训，加大专业大户、家庭农场经营者培训力度，提高他们的生产技能和经营管理水平。大力支持发展多种形式的新型农民合作组织，培养培育壮大龙头企业

2. 立足于农民的职业精神和新型职业农民的内涵。

　　在前面的章节中，笔者总结了其他学者给出的定义，考虑到我国农民发展的特殊性，现将农民职业化的定义如下：农民全职从事农业生产，从事的农业活动规范化、制度化，逐渐转变为一个具有文化、技术、管理和组织能力的职业农民。职业农民的定义为：自主进入市场，向市场提供农产品和农业劳动力，具有较高的文化知识、生产专业技能和市场管理知识，不断追求规模化、专业化、技术化，并形成一定的农民组织。因此，本文从农民职业精神和职业农民发展的内涵出发，从文化、技术、管理、组织四个方面探讨三江县职业农民的职业化。

　　3. 根据各地区新型职业农民试点培训中的职业农民认可标准。

　　2012 年农业部决定在全国 31 个省（市、区）选择 100 个试点县，每个县根据农业产业分布选择 2~3 个主导产业，力争通过 3 年试点，培育新型职业农民 10 万人①。培育职业农民的决定出台后，各个试点根据当地实际情况相继出台了职业农民培育认定管理办法，如《义乌市新型职业农民培育认定管理办法（试行）》② 新型职业农民认定的条件：具有大专以上或涉农专业中专以上学历，申报产业相关的职业资格证书或者拥有农业专业技术职称的人员；年龄在 18—60 周岁之间；从事种植业或养殖业两年及以上；种养殖（经营）达到一定规模；自愿接受政府安排的各项培训，积极参加农业科技试验示范推广。又如《安康市职业农民资格认定管理暂行办法》③ 中规定职业农民应具备以下基本条件：年龄在 18~60 周岁，热爱农业，并有志于终身投入现代农业的生产经营者；文化与专业素质较高，一般应具有高中、中专及以上学历（农校、农广校或其他大中专院校函授学历、自学考试学历等）。在试点阶段，学历可以放宽到初中以上；在接受相关农业教育和培训后，具备一定的专业技能及与申报行业相关的生产经营经验或资格；拥有现代农业观念知识，强大的管理和市场应变能力，丰富的实践经验，可以带动当地农民致富。其他试点如山东桓台县、贵州湄潭县等也引入了职业农民培训计划，并为职业农民制定了标准。由于不同地方的发展条件不同，职业农民认可的标准和重点也不尽相同。但是，结合这些新型职业农民的试点鉴定标准，可以得出结论，新型职业农民

---

　　① 崔媛媛（责任编辑），农业部：在百个试点县 3 年培育 10 万新型职业农民［N］. 中国新闻网，http://www.chinanews.com/gn/2012/12-15/4411222.shtml，2012-12-15.

　　② 义乌市人民政府印发《关于组织开展新型职业农民培育试点工作的通知》. 浙农科发〔2013〕14 号.

　　③ 安康市职业农民培育工作领导小组办公室关于印发《安康市职业农民资格认定管理暂行办法》的通知. 安职办发〔2013〕4 号.

确定的共同点都是对文化教育水平、技术水平和管理能力的认可。

综上所述，本文关于新型职业农民职业化的内容是基于国家有关文件和现有文献中职业农民的内涵，确定农民职业化的内涵，然后借鉴现有标准，从职业农民的内涵和相关内容中提取标准，为三江县职业农民职业化调查提供参考。

（二）有文化——受教育层面

"有文化"是指农民应达到一定的教育水平，对农业生产的科学知识有一定的了解。而科普知识和农业生产知识主要通过基础教育和相关职业教育获得。因此，在设计问卷时，笔者主要从基础国民教育和相关的职业技术技能培训两个层面入手，即学历和职业技能培训的次数。

（三）懂技术——专业化方面

"懂技术"是指农民应具备一定的农业科技知识、劳动经验和生产技能，并且具有一定的学习能力，善于学习先进的科学文化知识和技能。技术的不断改进和升级是专业化的一个显著特征。专业化即在更专业的细分中发挥作用，过去一个人完成的工作由许多人共同完成，多个人可以不断使用他们的技能在不同的环节中提高。而专业化是职业团队通过学习或教育积累了长时间的工作经验，使他们的技术逐步符合专业标准，最终成为一个专门的职业，并获得相应专业地位的过程。一般来说，不仅要掌握学习技术的能力，还要掌握的技术满足专业标准和规范。因此，在专业化方面，笔者设计职业农民所掌握的技术、技术掌握情况、职业农民工作时间情况、职业农民相关技术证书获取情况以及职业农民标准化生产情况 5 个问题。

（四）会经营——市场化方面

"会经营"是指农民的生产和经营活动是以市场为导向的。因此，他们具有强烈的市场经营意识，积极适应市场变化，根据市场需求和信息选择、决策、开发和经营农产品和项目。农民除掌握先进的生产技术和管理理念外，还应具备冒险能力、组织管理能力、创新能力和信息获取能力。随着茶叶市场的成熟发展，茶叶生产、销售、经营和管理的各个方面都需要专业农民掌握政策导向，掌握茶叶市场信息，积极进入市场，能够承担市场风险，并开展实施创新管理。因此，笔者从职业农民茶叶市场了解程度、对政府实施的茶叶政策了解程度、与市场接触情况、茶叶市场经营风险方面及市场把握程度方面了解职业农民职业化状况。

（五）成组织——组织化方面

"成组织"是针对中国农业人口众多、土地分散管理现状提出的。这意味着农民应该依靠各种形式的农业经济组织来继续原有农产品的生产经营，形成一定规模的联合体，实现组织化发展，对职业农民的职业发展更有利。因此，在设计组织方面问题的时候，笔者主要考虑组织管理模式和农民参与情况，农民如何参与组织和管理，即是农民组织化的程度。笔者还考虑了农村规模经营和土地流转问题，主要是考虑到土地流转可以促进土地集中、大规模和专业化的农业管理，促进农业专业化组织的发展；随着农业专业化组织的发展成熟和规模壮大，家庭承包责任制下的土地划分模式已经不能满足农业专业化合作组织发展的需要。此时，需要转移更多土地，实现规模化生产经营，从而加快土地流转，加快土地流转规模的速度。农业专业化组织的发展要求农民具有较高的文化、技术、管理水平，从而促进农民的职业化发展。

有文化、懂技术、会经营、成组织是职业农民的基本特征、培养目标和方向，也是农民职业化发展方向，这四者紧密相连并相互作用，其中有文化是基础和前提。在有文化的基础上，农民可以更好地学习、掌握和运用技术，而成组织为职业农民发挥自己的优势提供渠道。有文化、懂技术、会经营、成组织是职业农民基本概念、基本素质和职业能力的体现。从这四个方面出发，实现农民职业化。

五、调查方法

（一）调查问卷

三江县职业农民职业化调查问卷数据是本研究的基础。为了确保数据质量，本文使用预测试问卷和正式问卷。首先，使用预测试问卷进行预测试，通过获得的数据分析和测试现有数据，同时与相关专家探讨，纠正和筛选相应问题，并获得正式问卷。其次，分析和研究从正式调查问卷中获得的数据，通过这样的方法，尽可能地提高结论问卷的可信度。

被调查的职业农民主要分布在 5 个行政大乡，可划分为 5 层，然后再用整体抽样方法进行分层。例如，选择了八江乡布央仙人茶场职业农民作为调查对象，受调查的时间和经济能力限制，不可能对提取的组中的所有对象进行调查，因此在提取的组中执行简单的随机抽样。调查采取问卷与访谈相结合的方式。在设计调查问卷时，确定了研究内容和调查目的。对当地统计局、茶叶办、农业局等 5 位政府部门领导、3 位专家、5 位村干部以及 15 位当地职业农民进行访谈。参考有关文献设计了最初的问卷，2014 年 1 月进行了 30 人的小样本调查。通过小样本调查，对调查问卷初稿进行了测试，发现问卷设计的不足，于是将部分问题删除并对另一些问题做修改。调查至 2014 年 3 月中旬全部完成。此次调查共发放纸质问卷 280 份，包括 30 份预测试问卷和 250 份正式问卷，预测试问卷 30 份，收回 30 份，回收率 100%，其中有效问卷 30 份，有效问卷回收率 100%；正式问卷发放 250 份，回收 250 份，其中有效问卷228 份，有效问卷的回收率为 91.2%，从总体上看样本和数据具有较好的代表性和可靠性。

（二）访谈

访谈是一项有目的、有计划的研究活动，通过系统地与受访者面对面交流，了解需要调查的相关主题。在本次调查中，笔者希望通过访谈的形式，来了解茶叶产业化的发展对职业农民职业化的现状以及相关政策对其的影响。（1）访谈对象：由于笔者是想通过访谈的形式了解农民职业化现状，以及相关政策对它的影响，所以所选择的访谈的对象主要为当地统计局、茶叶办、农业局等政府部门领导、专家、村干部以及当地职业农民。（2）访谈内容：影响农民职业化的因素；茶叶产业化发展遇到的主要问题有哪些；促进茶叶产业化、农民职业化的相关政策有哪些；茶农收入提高的因素有哪些；被调查者希望在农民职业化转变过程中得到哪些方面的支持与帮助等。

第二节　三江县茶叶产业发展及职业农民总体情况

三江县位于广西壮族自治区北部，是扶贫开发的重点县。全县土地面积2454 平方公里，其中山地面积占全县总面积的 90% 以上，是一个典型的山区农业县。由于海拔高，昼夜温差大，水、热、光、土壤条件好、无污染，这些良好自然生态环境和优势，成为优质的茶叶生产区。三江县地方政府大力发展茶叶生产并将其作为支柱产业。从 1989 年到现在已 20 多年，三江县茶叶的开发不断完善，见表 8-2，具有以下发展特点。

表 8-2　三江县茶叶生产发展基本情况统计

年份	当年总面积（亩）	总产量（吨）	总产值（万元）
2001	38200	683	2130
2002	43800	780	2830
2003	56800	1000	3725
2004	68000	1780	7832
2005	81000	2325	9300
2006	91000	2560	12288
2007	104554	3080	14122
2008	114800	4026	18839
2009	124817	5028	25117
2010	131400	6020	45400
2011	137781	7615	57874
2012	143641	8912	86456
2013	148987	11289	101451

数据来源：三江县茶叶办公室

一、政策扶持及项目带动茶叶产业化发展

1989 年到现在 20 多年来，三江县先后颁布了"茶叶发展支持措施""茶叶种植补贴标准""规模种植茶叶的激励措施""关于加快茶叶种植的措施"，以及出台了发展茶业等产业扶持政策，为山区生态农业和茶业发展创造良好的政策环境，为茶业成为农业增效和农民增收的支柱产业奠定了基础。同时，通过扶贫项目、9 万大山项目、科技开发项目、退耕还林工程和金融支持项目，茶业将得到重点支持，该项目将带动相关产业的发展。

二、区域化、规模化、标准化带动茶叶产业化发展

三江县茶叶种植面积不断扩大。根据各乡镇茶叶种植的优势，在不同地区建立茶叶生产基地。全县现有 5 个万亩茶乡，154 个茶叶种植行政村，形成规模种植，促进标准化生产，积极引进现代茶叶加工企业。截至 2013 年，全县建成两个大型茶厂，引进两套全自动红茶加工机械和 20 台茶叶专用分色机，建立了 12 家茶叶色选厂和 540 家大小型茶叶加工企业，延长茶产业链。三江

县还加大了科技进步和创新管理水平，推广新技术生产，分类对老茶园进行品种改良、病虫害管理，建立了标准的生态茶园。全县9200公顷的茶园全部开坡改梯，实行施肥管理标准化，推进茶园生态管理技术的实施。截至2013年，该县已通过450公顷的无公害基地认证、A级绿色食品基地认证、有机茶基地认证等标准化茶园种植基地认证。因此，三江县被列入国家茶叶标准化示范区、农业部茶叶标准建设县、广西无公害茶叶生产示范基地县。

三、产业化经营组织促进茶叶产业化发展

三江县茶叶产业化主要采用"公司＋农户"和"合作社或协会＋农户"，即龙头企业和合作组织的主导模式。为加快茶产业的发展，三江县加大了对茶叶专业合作社建设的支持力度，并通过对大型茶叶生产企业、大型茶叶生产企业和大型销售人员的表彰，建立示范区，促进了农民的职业化发展。现已支持4家龙头企业和48家农民合作经济组织开展生产。龙头企业和专业合作组织的产业化经营模式加快了三江茶业的产业化进程，促进产供加销一体化经营格局的形成。

四、职业农民发展总体情况

当地越来越重视茶叶产业的发展，三江县种茶的人数逐渐增加，由最初的几万人增至现在的三十多万人，如图8-1所示。

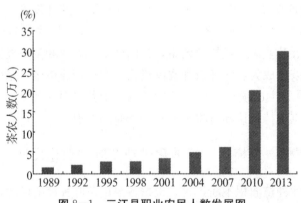

图8-1 三江县职业农民人数发展图

其原因在于三江县自2007年以来一直致力于探索现代农业发展的新模式，不断增加农业扶贫资金，建立了茶叶专业合作社，新型农村合作经济组织得到改善，茶产业发展迅速。然而，随着职业农民数量的不断增加，大多数职业农

民纷纷涌向茶叶种植和加工领域，技术型、销售型、经营管理型职业农民十分匮乏。值得注意的是，专业农民中有很多复合型人才，有些人擅长种植茶叶又善于茶叶经营管理，而有些人既精通技术，又能推动技术的进步。

五、职业农民茶叶生产产业活动范围

职业农民参与茶产业链的种植、销售等环节，生产活动主要包括茶叶采摘、生产加工、营销储运、品种改良、经营管理等，如图 8-2 所示。

- 茶叶产业
  - 种植采摘环节
    - 茶叶茶苗种植：福云 6 号、福鼎大毫、乌牛早、龙井、铁观音、浙农系列、安吉白茶等茶叶及茶苗种植
    - 茶叶采摘：主要以春茶和秋茶采摘为主
  - 生产加工环节
    - 初加工：茶叶晒青、晾青、摇青、炒青、包揉、烘干
    - 精加工：茶叶里的梗与碎物去掉，进行包装
  - 营销储运环节
    - 营销：农产品收购、集散、分类、储藏、销售、运输、风险预估及营销的计划、组织、执行和控制活动
    - 茶叶储藏：包装、保鲜、冷冻、速冻、干燥等技术
    - 农产品运输：仓库及储运基地建设，交通及物流管理
  - 品种改良环节
    - 生物肥料改良：生物菌肥、农家肥等肥料改良
    - 茶叶品种改良：营养性状、扦插育苗、茶籽育苗
  - 经营管理环节
    - 经营管理：开办茶叶加工厂、茶叶专卖公司、经营茶楼茶庄等；建立茶叶专业合作社和茶叶协会；茶园茶基地管理

图 8-2　三江县职业农民茶叶生产产业活动领域

图 8-2 显示了三江县职业农民在茶业各个方面的生产活动划分。在职业农民中，有的只依靠祖辈积累的种植经验来种茶，有的参加了劳动技能的专业培训，并将学到的技能应用到茶叶生产中，有的可以准确把握市场动态，并超越生产加工环节，参与市场管理。因此，不同类型的职业农民应该对应不同的职业发展方向。

第三节　三江县新型职业农民职业化发展的概况

农业产业化发展延伸了农业生产链条，劳动分工与协作加深。农业产业化，即生产前、生产和生产后之间的联系，将农产品的生产、加工和销售与非农业产业联系起来，形成相关的产业链。产业从最初的第一产业部门（生产部

门）向第二、三产业部门（农村加工、运输业、农业生产咨询服务等）延伸，原本分散的、互不联系的农民个体分工更加专业，所属不同的专业部门，推进农民职业化。因此，从本质上说，农业产业化进程促进了农民的专业化和专业化。三江侗族自治县茶业的产业发展促进了专业农民的专业发展，大致可分为三个阶段，如图 8-3 所示。

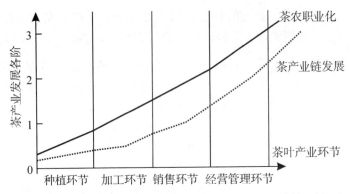

图 8-3　三江县茶叶发展及新型职业农民职业化发展趋势

一、第一阶段：茶叶产业初步发展，农民职业化发展缓慢

第一阶段是茶叶产业初步发展阶段（1989—1999 年）。在此期间，农业总产值的增加解决了农村的温饱问题。政府部门根据多年的实践经验，提出了茶叶产业化发展的思路，倡导大规模种茶、专业化种茶，引导和帮助农民实现目标，并取得了一些初步的成果。

虽然提高了职业农民的生产技术水平，但他们文化素质水平偏低，不能很好地掌握与职业技术相关的知识，仍有较深的小农经济传统观念，无法促进茶叶产业化。因此，这一时期，大部分职业农民仍处于初级职业水平，他们只是积累种茶经验，努力提高种茶技术，种茶水平更加专业化。

二、第二阶段：茶叶产业快速发展，加快农民职业化发展

第二阶段：茶业快速发展阶段（2000—2009 年）。在此期间，三江县实施了国家制定的扶持政策，重点发展地方特色农业，扩大茶叶种植面积，全面发展茶叶产业链，以专业化、规模化生产的茶叶村、茶场以及茶农为重点扶持对象。早在 20 世纪 90 年代末，当地政府就开始实施农民"绿色证书"教育。这项措施扩大了接受职业教育和成人教育的农民范围，并提高了他们的种茶技术

和技能。第一阶段时，茶产业只停留在生产链中，并由茶叶采购商在该领域采购和出售。与此相比，茶业第二阶段继续发展，产业链延伸，职业农民开始从事加工和销售。本地出现茶叶收购商、茶叶加工厂和茶叶销售公司，其中大部分由当地专业农民经营，而其他人经营茶楼茶庄，从简单的茶叶种植向产业链中的其他环节发展。一些专业农民依靠丰富的经验和熟练的技术成为当地种植能手、加工达人、茶叶技术推广人才等。因此，这一时期，农民的专业水平大幅提高，少数职业农民加快迈向专业化和职业化。

三、第三阶段：茶叶产业持续稳定发展，显著提高农民职业化程度

第三阶段：茶叶产业持续稳定发展阶段（2010年至今）。国家出台相关政策，促进经济从粗放型向集约型转变，并提出发展现代农业，依靠科技手段积极调整农业发展结构。根据三江侗族自治县茶叶产业化现状，政府大力支持龙头企业和农民合作经济组织，引导专业农民向专业化、商品化和商业化方向发展。总的来说，在政府的支持下，龙头企业和农民合作经济组织得到发展，专业农民的科学知识和职业技能得到了很大提高。大型茶叶生产商、大型茶叶生产商和大量销售已经出现。在政府项目的支持下，一些大型茶农通过承包土地种植茶叶，并组建加工厂，创立茶叶公司和茶叶专业合作社、茶叶协会，由农户自己经营管理。在此期间，农民的职业化显著发展。

茶叶产业化的发展促进了职业农民的专业化，基础文化知识、专业技能、科技应用能力、经营管理能力以及市场参与能力都对专业农民提出了更高的要求，职业农民职业化推进了茶叶产业化和产业链的发展。

第八章 山东寿光市农村
经纪人培育现状及问题

笔者采用访谈法和问卷调查法，以山东省寿光市农村经纪人的发展现状为调查对象。抽样调查后，利用定量方法探讨了实证研究中存在的问题和不足，为农村经纪人的发展和组织方法的完善提供了参考。

本书以山东省寿光市为调查范围，主要是因为潍坊市是中国农业集中发展区之一，也是中国农业产业化的起源。该地区农村经纪人的发展相对集中。寿光被誉为全国蔬菜之乡，因其温室栽培而闻名全国，农业发展迅速，批发市场众多。因此，农村经纪人以多元化的方式集中在该地区，把寿光地区作为主要研究范围，具有代表性。

寿光市毗邻渤海莱州湾，位于山东半岛的中部，占地面积2180平方公里，人口超过100万，拥有丰富的物质资源。其南部地区土地肥沃，适合种植粮食、蔬菜、果树、棉花等；北部地区盐水储量丰富，宜盐面积260万公顷，是重要的盐开发区之一，沿海有45万亩滩涂，鱼类20多种。被誉为"中国蔬菜之乡"的寿光市，农业发展迅速，积极发展产业化生产模式，极大地促进了农业经济的发展，增加了农民的收入，促进了农业的整体发展。在这种条件下，农村市场的发展更加规范，农村经纪人出现得较早，发展迅速，可调查内容十分广泛。因此，笔者选择寿光市作为调查研究对象。

笔者主要采用访谈和问卷调查的方式，对寿光市农村经纪人的情况进行了调查。作者从农民和农村经纪人的角度对两组农民和农村经纪人进行了调查，了解他们对自己职业的理解和认知。

笔者随机抽样，然后进行访谈和发放问卷。问卷共分为两部分，一部分针对农村经纪人，另一部分针对农户，采用问卷的方式调查农村经纪人。寿光市调查问卷发放的行政区域如下。

表9-1　问卷发放范围

	名称	发放问卷数（份）	回收问卷数（份）
街道	古城街道	10	8
	孙家集街道	10	10
村镇	化龙镇	20	16
	田柳镇	20	17
	侯镇	20	15
	羊口镇	20	17
一个经济开发区	双王城	20	13

共发放 120 份问卷，实际回收 103 份，回收率为 85.8%，其中有效问卷 96 份，有效率为 93.2%。我们在对统计的数据进行分析基础上，总结了这个地区农村经纪人的特征情况。农民对农村经纪人的认识主要通过访谈了解。

第一节　寿光市农村经纪人培育现状

寿光市位于山东半岛中部，农业快速发展，已成为全国各种农副产品的重要产地之一。该地区发明的温室栽培极大地促进了农业经济的发展。同时，农村经纪人的发展促进了寿光农业的产业化，他们振兴市场经济，调整农业生产结构，进一步促进农业发展，增加农民收入，缩小城乡收入差距。因此，地方政府高度重视农村经纪人的培训和发展，鼓励他们发挥主导作用，树立榜样，扩大农村经纪人队伍。

一、农村经纪人农村市场活动的基础设施条件

寿光市政府部门高度重视农村市场的基础设施建设，不仅促进了农业的发展，也为农产品流通奠定了基础。为了疏通农产品的流通，政府大力建设批发市场，提供了良好的市场条件。经过不断地发展与完善，寿光蔬菜批发市场已成为在我国最大的蔬菜批发市场。据了解，经过多次改革和发展，市级批发市场已从原来的 5 亩扩大到今天的 600 多亩，明确划分服务区，使贸易各方能够开展贸易活动。同时，为了满足村民对农产品流通的需求，各级政府部门根据各乡镇农产品的种类和规模，建立了 8 个中型批发市场并进行统一规划，建立

了村庄蔬菜配送中心。目前，该市已建立 26 个农民批发市场和 186 个集市。^①同时，各级政府还重视农民专业合作社的建设，使其促进农民进行农作物的生产中的引导农民进行规模化的生产经营方式，同时，在农产品售卖环节，帮助农民开拓农产品的流通渠道，促进农产品的流通。到 2011 年，寿光市工商局认真做好本职工作，积极发挥其应尽的义务，共建农民专业合作社 330 户，出资总额 2.3 亿元，参与交易的成员超过 4000 个。

案例 寿光市燎原果菜专业合作社。

笔者走访了寿光市农业专业合作社的做得比较好的合作社——寿光燎原果菜专业合作社。2001 年，寿光稻田镇的李春香创建了燎原无公害蔬菜基地，开始了她的农村经纪人之路。作为蔬菜种植基地和集散地比较发达的稻田镇，蔬菜产业发展比较迅速，思路活跃，经商嗅觉比较灵敏的李春香意识到巨大的发展商机，于是她在相关部门的号召下，开展了进行蔬菜供销的燎原果菜专业合作社的建设，她的目标是希望通过自己的努力，能够在寿光建立一个有关与蔬菜生产、加工和销售一条龙的生产服务组织，以方便菜农的农作物生产与销售等，帮助农民提高收入，加快农村经济的发展。李春香根据市场的变化，不断调整自己合作社的生产经营模式，同时时常给员工开展各种培训与学习，以使其员工能够跟上市场变化的需要。同时还为农户提供各项技术指导和优惠的生产资料等。经过十几年的发展，现在的燎原果蔬合作社已经发展壮大，78 个超市直销专柜，500 多亩无公害果菜基地，1500 多平方米的果菜恒温库，40 多万公斤的蔬菜年产销量以及突破 1000 多万元的年营业额。^②

该合作社的成功不仅帮助农民改善了生产环境，而且为他们的生产提供了技术要求。同时，也实现了农业生产的规模化和标准化，也使农产品市场有足够的能力应对市场风险，促进了寿光蔬菜的产业化发展。

二、政府对农村经纪人培育发展的重视

第一，不断完善相关制度规定。

首先，政府应将重点放在农村经纪人的专业化上。根据农村经纪人的不同发展情况，寿光市工商行政管理局针对他们培养了不同类型的经纪人，如农副

---

① 杨陵区人民政府网，赴山东寿光学习考察报告 2009−05−04.
② 寿光市田苑果菜生产有限公司总经理李春香介绍.

产品经纪人，其主要职能是与农副产品销售合作，拓展销售渠道。农业科技经纪人主要为农民日常生产提供农业技术指导；信息经纪人为市场和农民提供信息服务；农村劳务经纪人主要负责为农村剩余劳动力提供有价值的就业信息，帮助他们找到工作。

其次，制定可操作性制度。寿光市工商行政管理局制定了相应的农村经纪人制度，对农村经纪人联系户、专管员以及农村经纪人的台账等具有实际操作价值。同时，制定适当的优惠政策，如给临时或季节性的经纪人适当减少一些注册费。扶持部分大型的成功的大户，以便带动周边中小型运销户的发展，推动当地的农村经纪人整体的发展。

此外，市工商局还为从事粮食采购、煤炭零售、新鲜海鲜采购、农药零售和驾驶员培训的农村经纪人制定了五套制度。并设计相关的管理软件，以监督和管理信用分类、经济账户和区域目标责任。同时，对农村经纪人的信息网络化进行管理。

第二，各级政府着力于培养农村经纪人。

寿光市将农村经纪人培训作为重中之重。根据调查发现的问题，政府工作人员结合各类农村人口的具体需求，开展了针对性和专业化的培训课程。该课程介绍了农村经纪人的经纪技能和农村经纪人的基本职业道德，以规范经济市场的行为。

三、农村经纪人队伍的数量逐渐壮大

寿光市农村经纪人的发展很大程度上是由于农业产业化的发展。成立了拥有 10 万名会员的农村经纪人协会，使潍坊寿光市成为全国领先的蔬菜批发市场。在发展规模较大的批发市场中，农村经纪人责任明确，市场各项管理制度非常规范，极大地促进了交易。

第二节　寿光市农村经纪人队伍培育存在的问题

一、政府相关部门缺乏对农村经纪人的管理

首先，政府相关部门对农村经纪人的管理工作不到位。

笔者通过问卷调查，农村经纪人认为政府相关部门对他们的管理工作的满意度，数据整理如图 9-1 所示。

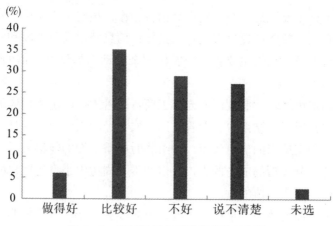

图9—1　农村经纪人对政府行为的评价

　　以上数据显示，我们可以得知，农村经纪人对政府相关部门所做的管理工作，认为做得好的仅占6.1％，做得比较好的占到35.1％，但是还有一半以上对政府相关部门的工作持否定的态度。以上数据充分显示了在农村经纪人的培育发展过程中，政府相关部门对其的管理工作还有很多不到位的地方，影响到农村经纪人的良好发展。

　　其次，政府相关部门对培训需求缺乏分析。

　　笔者通过调查分析得知，农村经纪人期望得到政府相关部门的服务支持，其中希望得到信息类服务的占23.96％，期望得到法律政策性服务的占17.71％；期望得到管理类服务的占20.83％。如图9—2所示。

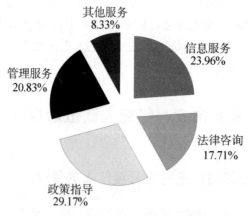

图9—2　农村经纪人希望得到的服务

　　但是，在实际培训中，受到的培训内容与农村经纪人的实际期望大不相同。参与政府相关部门组织的各种形式培训课程的农村经纪人提高了业务能力，规范其经纪行为，促进自身良性发展。但是，政府相关部门开展的大部分培训课程都遵循企业培训，实际调查尚未了解农村经纪人的真实需求，引入的一些基本的理论知识或技能太过主观，需求分析偏离了受训者的需求。只有通过需求分析，我们才能确定科学的内容和方法，以满足学员的喜好，使培训变得切实可行。参加培训的农村经纪人无权选择培训内容，他们被动地接受了特定培训课程的教学内容。培训的许多内容不能切实帮助农村经纪人，这导致大多数农村经纪人参与培训的热情不高。

二、农村经纪人自身存在的问题

（一）农村经纪人文化水平偏低

农村经纪人大多是从农民发展起来的，他们大多文化水平不是很高，根据问卷调查分析，农村经纪人中初中以下文化水平的占 72.9%，大专以上的仅占 7.3%。见表 9-2 所示。

表 9-2　农村经纪人的文化水平

学历	小学及以下	初中	高中	大专	本科及以上
人数（人）	24	46	19	4	3
所占比例（%）	25.0	47.9	19.8	4.2	3.1

大多数早期农村经纪人都是农民，且大多数是农村经济观念较为活跃。农民接受的有限教育和有限的学习机会使农村经纪人队伍整体文化水平低下，农村经纪人综合素质不高，信息非常有限，接触面相对狭窄，影响了农村经纪人整体发展。

（二）农村经纪人从事的经纪业务种类单一

笔者整理数据后发现，农村经纪人开展的业务范围十分有限，主要是当地的农副产品。其中，70.8% 的农村经纪人从事农副产品类的经纪业务；15.6% 提供技术；只有 15.5% 的农村经纪人从事信息咨询和劳务转移以及从事其他类型的经纪业务，见表 9-3。

表9-3　农村经纪人的经营业务种类

业务类型	农副产品类	技术类	劳动力转移类	信息咨询类	其他
人数（人数）	68	15	8	2	3
所占比例（%）	70.8	15.6	8.3	2.1	3.1

由此可见，农村经纪人从事的业务范围主要还是传统的农副产品，相对于新型的经纪业务从事的人数不是很多。但是随着市场经济的发展，新型的业务逐渐发展并占有重要的地位。所以，引导农村经纪人开展新的经纪业务是很有必要的。

（三）农村经纪人业务范围狭窄

问卷统计数据显示，25.0%的农村经纪人在本村从事相关业务；其中29.2%的活动范围在乡村之间，22.9%在本县区内活动，但跨县区和在国内其他省份之间活动的农村经纪人仅占到22.9%。见表9-4。

表9-4　农村经纪人活动范围调查表

业务范围	本村	跨村不跨乡	跨乡不跨县	跨县不跨省	国内其他省市
人数（人）	24	28	22	18	4
所占比例（%）	25.0	29.2	22.9	18.8	4.1

（四）农村经纪人对培训的认同度比较低

经调查分析，农村经纪人群体对培训的认可度较低。大多数人认为培训费用较高，且交通不方便，即使参加了培训，培训的内容并不能为日常的经纪业务提供很大的帮助，因此他们对培训持漠视态度。他们现有的文化水平无法满足市场需求，不能准确把握市场信息和需求，导致其做出错误判断，这不仅会降低农民生产积极性，影响农民经济收入，还会降低经纪人的积极性，一些农村经纪人在发展到一定阶段的时候离开农村去城镇，这严重影响了整个农村经纪人团队的发展。此外，一些农村经纪人的整体素质较差，为了获得更好的经济利益，时常发生农村经纪人坑农害农现象。然而，笔者的统计数据显示，当被问及是否参加与农村经纪人相关的培训和教育时，超过80%的农村经纪人回答说他们没有参加任何形式的培训，但实际上有不到10%的人持有证书从事经营活动。由此可见，他们中的大部分都没有经过专业培训，全凭自己的经验来工作，问题或纠纷出现时，常常自己默默地忍受，这种情况极不利于农村经纪人积极性的发挥。

笔者访谈时，询问被访谈者参加培训是否对其从事的业务有帮助，大多数农村经纪人先笑了笑，然后回答说没有多少人真正参加了培训，即使他们参加了，大部分内容都是理论上的，很少有人能够真正运用。在第二章中，我们提到了成人学习理论，需注意参加培训的主体是成年人。只有当他们的学习内容对自己的问题有一定帮助时，才能增强培训效果。然而，在实际培训中，这些课程很少，所以农村经纪人不愿意参加培训。

（五）农村经纪人对自身地位认识不足

农村经纪人对政策及法律法规没有充足的认识，笔者通过问卷调查统计分析得出表9-5。

表 9-5　农村经纪人对相关法律政策的认识

	清楚	了解	不了解	从未听说	未选
人数（人）	6	39	40	8	3
所占比例（%）	6.25	40.63	41.67	8.33	3.12

从表9-5可以看出，了解农村经纪人政策法规及其内容的人数为46.88%，41.67%的人不了解相关法律法规。这充分说明了农村经纪人无法清楚地了解他们的法律地位。

在我国农村市场上，虽然农村经纪人数量大幅增加，他们在当地农村地区的发展中发挥了相应的作用，但其地位尚未得到足够的重视。主要原因是国家尚未制定专门的法律法规来确定农村经纪人的合法性。此外，中国的农业发展相对落后，导致基层政府忽视了农民的培训，农村经纪人自身也没有得到恰当的定位。根据笔者的调查，大多数农村经纪人认为自己是"菜贩子"或"商贩子"。他们从未认为自己的地位应该受法律保护而且没有登记注册使自己身份具有合法性。当出现争议时，又不知道如何依法保护自己。与此同时，他们普遍认为自己的工作是出售农产品，从未想过需要在同龄人之间进行经验交流，彼此之间经常存在不公平的竞争，参加经纪活动时，他们常为了自身的利益，故意丑化别的经纪人，互相拆台。

（六）农村经纪人队伍规模小，实力较弱

寿光市农村经纪人大多是以个体的形式存在，即使参与组织经营，组织形式也不规范。笔者的调查问卷统计数据显示，独自经营的农村经纪人占83.3%，与他人合作的占15.8%，参加行业组织的仅占0.9%。如图9-3

所示。

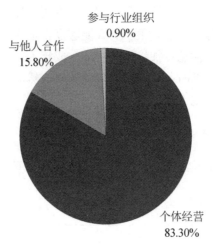

参与行业组织
0.90%

与他人合作
15.80%

个体经营
83.30%

图 9—3　农村经纪人各组织形式

可以看出，农村经纪人的经营状况分散，即使他们建立了合作伙伴关系，也不会使用正式的规则和法规来维持其运营。往往导致组织管理混乱，做出不合法的经济行为。解决问题时，他们推卸责任。这些行为严重阻碍了农村经纪人队伍的发展，损害了信誉，使农民对其失去信任，不利于长期发展。

单打独斗的农村经纪人不足以抵御市场风险。他们的信息相对封闭，缺乏沟通或相互不信任，导致他们做出错误的判断。许多农村经纪人无法承受这样的压力，当他们获得某种利益时，便会离开农村经纪人团队。

第三节　小结

寿光市农村经纪人得到了一定程度的发展，在政府的帮助和农村经纪人自身的奋斗中，为当地农业经济的发展做出了很大的贡献。但是，我们在看到成绩的同时，也要看到存在的问题。政府相关部门虽然有一定的帮扶，但是有些对农村经纪人的实际管理工作落实不到位，进行培训时，也没有做到根据农村经纪人的实际需求来进行。农村经纪人自身的问题也不少，文化水平低，综合素质低，经营业务单一，对其自身的地位认同不到位等，这些问题都在一定程度上制约着农村经纪人的发展。我们根据当地农村经纪人的实际问题，结合国外成功经验，为良好的培育农村经纪人，并促进其有效的发展，可以提出有针对性的政策建议。

第九章　新疆昌吉国家农业科技园区概况与培育新型职业农民的主要途径

新疆昌吉国家农业科技园区是新疆唯一的国家级农业科技园区，也是国家科技部评定的优秀级农业科技园区。为了把园区打造成为西部现代农业的硅谷，园区自成立以来就积极投入职业农民的培育工作。本章介绍了园区目前的发展情况，概述了园区培育职业农民的三个主要途径：知识化培育、市场化经营和组织化发展，以期从总体上认识园区目前职业农民的培育工作。

第一节　新疆昌吉国家农业科技园区发展概况

一、新疆昌吉国家农业科技园的整体布局与发展目标

新疆昌吉国家农业科技园位于新疆维吾尔自治区境内，全年光照充足，温带大陆性气候。地理位置优越，地处天山北麓，准噶尔盆地东南部，是古"丝绸之路"的一部分，西接中亚。2006 年 4 月，科技部、农业部等六部委第二次开展了国家农业科技园认定，新疆昌吉国家农业科技园入选，成为新疆首个国家级的农业科技园。①

作为国家农业科技园的重要成员，新疆昌吉国家农业科技园的发展不但要遵循国家农业科技园的指导意见和工作指南，更要结合新疆本地的农业发展和人才储备情况，制定符合园区的发展任务和发展目标。园区的核心发展目标是：实现传统农业向现代农业的转化，成为西北现代农业硅谷，促进本州和全区的现代农业发展。园区的具体目标是：首先，将园区建成农业科技人才的培

---

① 中华人民共和国科学技术部. 关于批准宁波慈溪等 15 个农业科技园区为第二批"国家农业科技园区（试点）"的通知 [EB/OL]. http://www.most.gov.cn/bszn/new/nyy/jgcx/200604/t20060421_55317.htm.

育基地，一方面，通过吸引国内外优秀的农业人才加入园区，提高园区的科研实力和基础素质；另一方面，利用园区已有的培训资源和实践基地，大力发展人才培养和农业科学技术培训，提高农民的综合素质；其次，增强园区的农业科技孵化功能；通过园区高层次的科技人才队伍提高园区的科技成果产出率，开发出更多先进的农业生产技术，用科技指导农业生产；再次，提高园区的科技成果转化，通过制定相关的优惠政策招商引资，孵化龙头企业，将农业科技成果投入市场，获得良好的经济收益；最后，充分发挥园区的示范与辐射功能，为全疆和全国农业科技园的建立与发展提供包括生产、技术、园区运营管理等方面的示范，促进我国农业现代化的发展。

新疆昌吉国家农业科技园园区总规划面积为 50.2 万亩。其中包括核心区昌吉市（约 3.6 万亩）和示范区昌吉州（约 46.6 万亩），如图 10-1 所示。园区的核心区位于昌吉州州府昌吉市，距离新疆维吾尔自治区最大的消费市场和物流集散地乌鲁木齐市 35 公里，属于乌昌经济核心区，是全疆最有活力的经济区域，吸引了大量的人才，是国家级高新农业技术分布密集的区域。园区内有乌奎高速公路、312 国道、甘漠公路等多条交通要道穿境而过，距离乌鲁木齐国际机场 18 公里，交通便捷。通过核心区和示范区的建设，将园区的现代农业生产技术和农业发展模式推广，辐射带动全疆的农业科技进步，促进全疆农业现代化的发展。为了更好地实现园区的科技研发、成果展示、生产示范以及辐射全疆的作用，园区制定了"一区、四园"的功能布局，以求有重点、有规划地推进园区建设，实现"产学研"的一体化。一区为中央商务区，围绕总部经济和商务服务业开展建设。四园分别是承担着农业高新技术研发任务的现代科技孵化园、承担着农业高新技术展览以及农业观光的现代农业博览园、为现代农业和畜牧业进行科技示范和技术推广的现代农业示范园以及利用先进的农业科技实现对特色农产品深加工的高新农业产业园。实践证明，园区的发展思路是正确的，并且起到了良好的农业科技研发、生产、示范、辐射和带动作用。

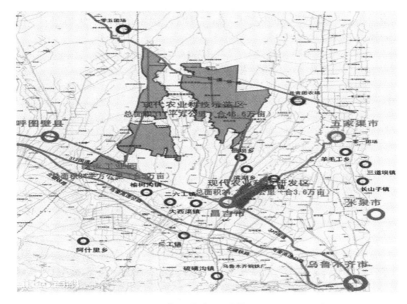

图 10-1　新疆昌吉国家农业科技园园区区位示意图

二、新疆昌吉国家农业科技园取得的成就

新疆昌吉国家农业科技园经科技部批准，于 2002 年建立。在中央政府的高度重视和支持下，经过积极的筹备和建设，不断完善园区功能。虽然地处经济和科技欠发达的西北区域，园区能积极总结经验，以西部现代农业硅谷为发展目标，多次与北京小汤山国家农业科技园、陕西杨凌国家农业示范区等先进的农业园区交流和学习，不断提高园区的科研能力和管理水平。2009 年，农业科技部对当时全国建立的 38 个国家级农业科技园进行综合评比，新疆昌吉国家农业科技园区获得了第三名的好成绩。2012 年，科技部对已建立的 65 个园区进行了全面的验收和评估，新疆昌吉国家农业科技园荣获"优秀"级园区，名列各园区首位。

新疆昌吉国家农业科技园区以成为现代化农业硅谷为发展目标，不断提高园区管理和生产能力，2008—2013 年园区的统计数据显示，园区的生产总值在不断增加。2008—2013 年分别为 7.8 亿、9.2 亿、11.4 亿、14.5 亿、18.2亿、21.8 亿，2014 年园区的生产总值将增长 20%，达到 26.4 亿元；在固定资产投资方面，2008—2013 年分别为 2.4 亿、4.6 亿、10 亿、15.3 亿、20.4亿、30.6 亿，2014 年园区的固定投资达到 45 亿，增长 50%；在招商到位资金上，园区从 2008 年的 3.1 亿不断提高，到 2013 年达到 14.3 亿元，2014 年达到 32 亿元，实现 60％的年增长率，为地方财政累计贡献超过 15 亿元，如图 10-2 所示。

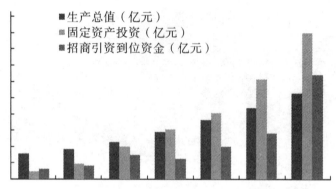

图 10-2　新疆昌吉国家农业科技园经济指标统计图

资料来源：新疆昌吉国家农业科技园园区党工委管委会领导班子述职报告整理

第二节　新疆昌吉国家农业科技园区培育职业农民的主要途径

新疆昌吉国家农业科技园从建立之初就将培育农村实用人才作为园区发展的主要任务之一。面对农业人口老龄化和农业现代化发展的需要，新疆昌吉国家农业科技园致力于人才建设，有重点、多层次的打造"有文化、懂技术、会经营、成组织"的园区职业农民队伍。为了将园区发展成为西部现代化农业人才的孵化园，园区积极开展职业农民培育，可以总结为以下三个方面。

一、职业农民的知识化培育

职业农民应该是具备了一定的专业知识和农业技术的农业从业者。这要求职业农民不仅要提高基础素质和文化修养，还要掌握先进的农业生产经营技术，将农业高新技术更多应用于农业发展中，以提高园区的经济效益。新疆昌吉国家农业科技园是由政府引导建立，引入企业投资和运作，由全社会共同参与园区建设，使农民受益。园区建立后，非常重视农民的基础素质教育，采取了多种方式培育有知识的农业人才。在对职业农民的知识和先进技术的培育上，园区主要从以下几方面着手。

（一）建立农业科技园区专家库，提高农民素质

园区积极通过"园院合作"的形式，开展农民实用技术培训。园区通过与

新疆大学、新疆农业大学、中科院新疆分院等8家重点研究机构以及国内各大专院校开展合作，组建了由60人组成的新疆昌吉国家农业科技园区农业专家库，着力提高园区的农民培训质量。此外，成立了新疆昌吉国家农业科技园区专家组，针对园区农民基础素质有待提高和农业技术落后的短板，定向开展包括基础素质、技能实训在内的农民培训。农业专家面向园区所有农民进行的农业讲座累计举办了175次，其中针对农业高科技创新类的讲座78次，共培训农民约6万人。仅2013年，园区就举办了40期讲座，帮助园区农民提高生产经营能力；此外，还划拨专项培训资金24万，用于对100个重点的农场主进行包括农业基础知识、农业生产经营管理方法以及农业高新技术的培训。

（二）建立实训基地和研发服务机构，开展农民科技培训

1. 园区与新疆农业科技职业技术学院开展合作，建立了针对园区农民的实训基地。园区会输送园区农民进入新疆农业科技职业技术学院进行基础素质和农业实用技术等方面的专业培训，新疆农业科技职业技术学院也会将接收和培养的优秀学生输入到农业科技园区进行实践和锻炼，使其成为合格的职业农民。此外，新疆农业科技职业技术学院会承担所有农业科技园区在职农民的各个生产和职业阶段的进修、提高，帮助园区农民适应现代化农业发展的要求。据统计，通过园区与园区外院校合作培育的方式，在瓜菜种植方法和技术的培训上就至少培育了3900多名专业农民、200个科技能手以及23位瓜菜种植大户。①

2. 依托农业科技园区和各大农林院校合作建立的专家库，园区筹建了24个专业科研服务中心，详见表10-1。服务中心的建立将园区的科技研发水平大大提高，通过科研服务中心专家的研发和示范，对园区职业农民的生产技术学习和科技研发能力都有促进作用。

表10-1　新疆昌吉国家农业科技园24个专业科研服务中心

类型	数量（个）	名称
国家级的研究中心	1	瓜类工程技术研究中心
省级的研究中心	3	优质苗木繁育中心、畜牧业良种繁育中心、玉米工程技术研究中心

---

① 中国农村科技编辑部. 戈壁绿洲上的农业硅谷——记新疆昌吉国家农业科技园区 [J]. 中国农村科技，2008，05：60-65.

类型	数量（个）	名称
专家大院	3	奶牛胚胎移植专家大院、西甜瓜专家大院、优质肉羊繁育专家大院
博士后工作站	2	昌吉国家农业科技园区博士后工作站、麦趣尔集团博士后工作站

高层次的农业人才聚集大力推动了园区的科技进步和职业农民培育。新疆昌吉国家农业科技园区非常看重西域集团博士后工作站的发展，仅在2013年，就通过博士后工作站引进了6名专业人才，提高园区的科研实力。详见表10—2。

表10—2　2013年新疆昌吉国家农业科技园区高层次人才引进情况

引进的人才	所做研究
福建援疆干部：吴丽君博士	菊花引种、新品种选育和良种繁育及配套栽培技术研究
中科院沈阳应用生态研究所：施尔畏院士、石元亮博士	NAM长效复合肥添加剂专利技术研究
卢全晟博士	肉羊胚胎移植研究
新疆林果业专家：乌买尔江·阿不都热依木	特色林果种植示范项目研究
李谦胜博士	非洲菊新品种选育及产业化示范项目研究

园区共拥有本地农业科技人才1141名，外来引进人才172名，副教授以上的农业专家57名，还利用已有的培育服务中心和丰富的农业科技人才，围绕棉花生产、良种培育、农业机械化等多方面开展专业培训，已经累计培训了3万名以上的专业农业科技人才，其中有435人取得了园区颁发的农民科技员职称。

（三）选派园区科技特派员，积极培育职业农民

科技特派员制度起源于福建南平市，为了提高农业科技水平，引导高素质的人才进入农村充当科技特派员，开展农村科技服务，科技部提出要在全国各地大力推行科技特派员制度。[①] 新疆昌吉国家农业科技园作为科技部批准建立的园区，积极响应政府号召，落实科技特派员制度。园区采取"按需选派，双

---

① 丁太顺. 科技特派员制度的创新模式及系统思想研究［D］. 武汉：华中农业大学，2011，04：23—24.

向选择"的方式选派农业科技特派员，至今已选派各类专业的科技特派员共180名，在园区内建立了2个科技特派员示范基地，仅2013年就选派了45名科级特派员承担农业技术示范推广工作。科技特派员主要来自各个农业科研院所和农业科技服务站，在农忙时期，他们深入园区各农业生产基地对农民的作物种植、田间管理等技术问题进行指导，解答农民遇到的难题，正确引导农民开展农业生产，推广先进农业技术。而在农闲时期，科技特派员也同样积极发挥培育职业农民的作用。通过举办各类短期的农业技术研讨会和培训班，科技特派员集中汇总分析农业生产中遇到的各种难题，对最新的农业技术成果给予及时通报和教育，提高园区农民的科技化水平和职业素养。园区自成立以来组织了科技特派员项目共32个，在提高园区的科技水平、增加农民收入，尤其是在提高农民职业化水平上起到了重要的作用。

（四）积极开展"园企合作"，提高职业农民实践能力

园区同园区内外共214家企业建立了长期合作的协议，采用"园企合作"的培训方式进行职业农民培育。由园区、企业以及新疆农业科技职业技术学院共同研究制定人才培育课程和体系，选定培养方案和教材，针对性的培养农业人才，如企业冠名的"泰昆班""新实班"等都是定向培育班。学生通过相应学习和考核后，可以直接进入定向企业或园区就业。园区和企业合作建立"优秀学生奖学金""专项奖学金"等多种形式的奖学金，鼓励学生不断提高学习成绩和实践能力。此外，园区还为学生的学习活动提供经费，保障农业人才的稳定培育。

（五）开展科技示范教育，增强职业农民的技术水平

园区除了利用丰富的科技人才资源开展农民培训以外还积极开展技术创新，进行农业生产技术示范，带动了整个地区农业发展水平和农民素质提高，为职业农民的知识化和技术化提供了良好的科研环境。

其一，园区利用国家级研究中心——瓜类工程技术研究中心的科技优势，积极发展西域甜瓜种植业，培养专业的甜瓜种植农民，并将技术示范推广，建立了5万亩的甜瓜良种繁育基地。目前该技术已经覆盖了全疆80多个县市，并且在20多个国家推广。其二，园区利用省级研究中心——玉米工程技术研究中心对玉米良种的研制，在全疆建立了10万亩的玉米良种基地，辐射周边7个乡镇和100个村，有效提高了农民的玉米种植水平。园区率先引进了灌溉小麦、棉花双模覆盖等先进农业生产技术和装备，园区的农业机械化率达

100%，机播和机收率分别达到了94%和85%，将园区各农业种植技术上升为标准化生产，建立万亩生产示范基地。其三，在现代农业示范园中，园区一共建成45个示范基地，覆盖了包括小麦、棉花、甜瓜、蔬菜在内的园区各重点农业类型，详见表10-3。①

表10-3　新疆昌吉国家农业科技园区示范基地建设

示范基地名称	建成数量（个）
节水滴灌小麦高产示范基地	20
机采棉花高产示范基地	10
精品甜瓜示范基地	2
绿色蔬菜生产示范基地	2
现代畜牧业生产基地	3
加工番茄全程机械化高产示范基地	2
花生全程机械化高产示范基地	3
苗木生产示范基地	3

2013年，园区示范推广了40个农业新品种和13项包括精确播种、机械化收割等技术在内的核心农业技术，引进特色林果业种植项目，在园区内开设展示厅对外示范。新疆昌吉国家农业科技园区通过自身的科技创新和先进技术引进带动了整个地区农业现代化水平的提高。园区通过积极示范的教育方式不但为园区吸引和培养了一大批优秀的农业人才，也在新疆地区农民生产技术提高上发挥了重要作用。

（六）展览教育，参观学习，宣传园区

新疆昌吉国家农业科技园作为新疆地区首个地方国家农业科技园，要发展成为西部现代农业的硅谷，除了要培育适合园区发展的职业农民，提高园区现代化农业发展水平，还要能够充分发挥示范带动和辐射的作用，成为地区乃至全国农业人才培育的摇篮。园区依托自身的区位优势、政策优势，在职业农民培育上积极创新，以举办大型的展会、各类报告会、技术推广会等形式，最大限度、最深层次地向全社会传递和展示园区的农业科技发展和经营成果。在

---

① 新疆农业规划研究院调研组. 新疆现代农业示范园区建设情况专题调研报告［EB/OL］. http://www.xj-agri.gov.cn/Html/2013_04_11/17104_18110_2013_04_11_26525.html.

2013 年，新疆昌吉国家农业科技园就承办了五个大型展会，不但宣传了园区发展、拉动了地区经济，还展示了最先进的农业成果，对所有参观学习者都起到了良好的教育意义。

2013 年 5 月承办了新疆农业机械博览会。作为宣传和展示新疆农牧业机械化发展成果的平台，农机会由政府主办，6000 平方米的演示区内展示了 100 多台新型农机具，有全疆基层农机合作社以及农机大户共 800 多人的专业团队来此参观学习，参观总人数达到 3 万；2013 年 7 月，园区举办了"第七届中国科学院——新疆科技合作洽谈会"，设立了 9 大展区充分展示了全国各地农业专利成果，洽谈会有 3000 名农业代表出席，吸引了 1 万多人次参观交流，同时组织了两场农业科技专题报告会；2013 年 8 月，园区承办了中国新疆（昌吉）种子展示交易会，作为西部最重要的优质农作物种子的交易平台，也是了解国内外种子行业发展的窗口，共吸引了 500 多家企业参展，各类客商 1000 多人，参观学习人数达到 1.5 万人，展示了各类农作物及种苗的最新科研成果，起到了信息交流和教育培训的作用。

新疆昌吉国家农业科技园一直很重视发展花卉培育，园区有自己的花卉生产基地，通过举办大型花卉活动，全面展示园区先进的花卉技术，为培养专业的花卉人才、建立西部"鲜花港"提供了良好的平台。2013 年园区积极承办了两大活动。2013 年 4 月，园区举办了"五一游园赏花季"活动，充分展示了园区建立的菊花、非洲菊、蝴蝶兰等花卉的生产技术和成果，吸引了 10 万人次的参观学习；2013 年 9 月园区举办了第二届新疆（昌吉）菊花节，展示了园区先进的花卉生产技术，扩大了园区特色花卉农业品牌的知名度。

二、职业农民的市场化经营

现代农业要求职业农民的生产经营方式要不同于自产自销的个体小农经营，要能够以市场为导向，规范整合农业产业链，实现农业的产业化经营。因此，要培育出"会经营"的职业农民需要让他们能够分析国内外的农产品市场变化，正确调整生产经营决策，能够在整合农业产业链的基础上进一步进行社会分工，发展为专业化、职业化的农民。为了帮助职业农民了解市场、分析市场，提高专业化水平，成长为"会经营"的职业农民，新疆昌吉国家农业科技园主要做了两方面的努力。

（一）构建信息服务平台，培育"懂市场"的职业农民

脱离市场的农业生产抵御风险能力差，会极大地影响农业的生产经营收益

和农民的收入。在我国社会主义市场经济条件下，农民作为农业现代化经营的主体，必须积极参与市场竞争，消除小农意识，提高自身素质，将资源合理配置，适应国际化市场的要求。为了培育懂市场的职业农民，确保园区农业人才的高素质和经营收益的稳定性，新疆昌吉国家农业科技园积极完善园区的基础设施建设，通过培训和实践训练相结合的方式大力培育"懂市场"的职业农民。

园区建立了农业信息化综合服务平台，增强农民的信息意识。为了调动职业农民的主观性和积极性，最大限度地让职业农民获取所需的农业信息，园区投入了 1200 万开展数字农业工程建设，建立园区综合信息服务平台。利用物联网技术、无线技术等先进信息技术和集成传感器、实时监控等智能化设备对园区的农业生产、资源利用和销售服务等多项指标进行分析整理，建立园区内部农业发展数据库。通过设立园区门户网站，选派专业信息处理人员及时更新和维护数据库，确保园区所有农业项目，尤其是主导项目的市场信息全覆盖。2013 年 5 月，园区委托北京派得伟科技发展有限公司，帮助园区完成了数据库的更新升级，目前园区信息服务网站已投入使用（http://www.agri123.com.cn/）。网站全面介绍了园区的政务信息、园区活动、科普宣传、招商引资情况、当地农产品供求信息、国内外农业市场行情、最新农业科技成果以及实时的农业气象情况，同时建立园区农产品质量安全追溯平台，为职业农民获取市场信息，调整农产品经营策略提供了丰富及时的信息服务，如图 10-3 所示。

图 10-3　新疆昌吉国家农业科技园区农业信息化综合服务网展示

（二）龙头企业带动，提高职业农民的经营水平

职业农民不同于传统自给自足的小农，他们面对的是复杂多变的农业市场、持续创新的生产技术和不断改进的经营管理方式。作为我国农业转型期的现代农业接班人，职业农民的所有生产经营活动都要以市场为导向，同时要能够合理配置已有的生产要素开展生产经营活动。要提高职业农民群体的经营水平，不能只依靠职业农民个体来面对庞大的农业市场，需要通过经济组织获取服务，才能够将经营水平提升落到实处。

新疆昌吉国家农业科技园区自成立以来就积极招商引资，引进各类龙头企业和科技创新企业，利用园区的政策优势、资金优势和人才优势帮助入驻企业发展。目前园区内已引进各类企业421家，并且培育出多个国家级、自治区级的重点龙头企业。园区内长期务农的农民达到14000多人，这其中有60%都是服务于这421家企业的产业工人。要培育适应现代化农业发展的职业农民，能拥有一定的经营能力，龙头企业就是一个良好的培育平台。园区大力扶持龙头企业发展，这些龙头企业的产业工人随着企业生产规模的不断扩大，深入企业生产实践，提高经营水平，最终成长为合格的懂市场、会经营的职业农民。

三、职业农民的组织化发展

为了改变传统小农经济的自给自足、科技水平低、规模化经营能力差、市场风险承担力弱等特点，培养适合现代化农业发展的职业农民，需要提高农民的组织化程度。目前，我国农民的组织主体也呈现多元化发展，如专业合作社、农业科技园、龙头企业、乡镇企业等。新疆昌吉国家农业科技园区自成立以来利用自身的科技优势、人才优势、政策优势，积极引进、孵化农业产业链上的龙头企业和高新技术示范企业，将分散的农民组织起来，规范化管理，实现规模化的农业经营，提高农业产业链的聚集能力，不但提升了园区农业企业的生产经营效益和园区农业现代化、产业化水平，还为培育"成组织"的职业农民群体创造了良好条件。

第一，园区加强了对入园企业的优惠政策，入园企业在进驻园区时会享受土地优先批复和农业科技研发补贴，目的是引导园区企业积极利用农业高新技术促进生产。第二，园区将所得财政收入积极投入园区基础设施建设，园区实现了水、电、热、气全覆盖，昌吉市自来水厂、乌鲁木齐电网、昌吉州热电公司和天然气公司能够为园区企业生产提供充足的保障。园区在污水排放、通信网络以及土地平整上也不断完善。第三，园区建立管理机构，为入园企业提供全面帮助。园区设立了管理委员会，内设六个职能部门，包括园区办公室、财政局、高新产业发展局、招商引资局、规划建设环保局以及农业发展局。职能部门的设立有效地提高了园区管理的规范化和园区服务的全面化，为入园企业和投资者提供"一条龙"的园区服务。

经过新疆昌吉国家农业科技园管理委员会的积极组织和园区所有成员的共

同努力，现阶段园区共有421家农业企业入驻园区，大大提高了园区的组织化、规模化和产业化程度。在园区引进的企业中，有多个企业目前已经发展为新疆地区甚至是全国性的大型龙头企业，详见表10-4。龙头企业在园区的引导和规范管理下不断地聚集、发展，利用园区的资金、人才等生产要素不断提高技术创新能力，获得良好经济效益，凸显了组织化、规模化经营的优势，带动了整个地区经济的发展和农业人才的培育。

表10-4　新疆昌吉国家农业科技园培育龙头企业概况

培育企业	主营业务	基本概况	行业地位
新疆西域实业集团	制种、农产品加工、无公害蔬菜和特色林果生产	位于新疆昌吉国家农业科技园核心区，下属16家子公司，与数十家国内外科研机构长期合作，产品远销30多个省及海外多国	国家级"农业产业化重点龙头企业"；中国种业十五强企业；国家级"科技创新龙头企业"
新疆泰昆集团股份有限公司	油脂、饲料、食品加工与畜禽养殖	拥有中国农牧行业最完整的产业链，有24家全资子公司，11个商品基地和泰昆饲料、泰昆鸡苗、天山草鸡等多个名牌产品	国家级"农业产业化重点龙头企业"；国家级"农产品加工企业技术创新机构"；被国家八部委评为"全国农业产业化优秀龙头企业"
新疆永华生物科技开发有限公司	珍稀食用菌	福建援疆项目，与福建和新疆多个科研院所合作，生产工艺和技术装备先进，拥有著名商标"永春华"和四项国家专利，循环农业的代表。年产值1亿多元，带动2000多名农民开展生产	新疆唯一一家集"科研、养殖、加工、销售"为一体的大型菌类生产企业；自治区农业产业化重点龙头企业
新疆华兴投资集团有限公司	牛羊良种繁育、特色林果生产、农作物种子	拥有1300公顷高效农业种植示范园、120公顷省级林木示范园和20公顷的牛羊良种中心，下设7个分公司，专业技术人员165名	全国农业标准化示范区；全国特色种苗基地；农业部科技示范区；在种植业、畜牧业、林业上起到了龙头带动作用
新疆新实良种有限责任公司	玉米制种（主导）、瓜菜新品研发、农资农药经营	公司致力于玉米良种的科研、加工、营销一体化经营，与中国农大和新疆农大等科研单位合作，拥有1000多家种子经销点、6个办事处、8个全国营销中心和5个分公司	自治区级"农业产业化重点龙头企业"；市级优秀企业；全疆最大的杂交玉米制种企业

第三节　新疆昌吉国家农业科技园职业农民培育中存在的问题

新疆昌吉国家农业科技园自成立以来得到了国家科技部和自治区人民政府的大力支持。为了将园区打造成为西部现代化农业的硅谷，不但要增强园区的示范和孵化功能，还要利用人才的聚集和科技的创新，将园区建设成为职业农民培育的基地。园区自成立以来，积极培育"有文化、懂技术、会经营、成组织"的职业农民，获得了宝贵的职业农民培育经验和丰富的培育成果。通过笔者的多次调研和访谈，结合国内外对于职业农民培育经验，深入分析了园区职业农民的培育方式及效果，发现虽然新疆昌吉国家农业科技园在培育职业农民的问题上一直高度重视，但是在实践中还是存在一些问题。

一、职业农民专业知识技能培育方面存在的不足

（一）培训资源统筹差，浪费培训资源

新疆昌吉国家农业科技园拥有丰富的职业农民教育培训资源，园区成立了由各大院校和科研单位提供的约 60 人的专家委员会，24 个专业的科研服务中心，2 个科技特派员示范基地，45 个示范农场，在新疆农业科技职业技术学院中拥有园区的农民实训基地。但这些可以用来覆盖职业农民基础文化素质和专业技术的教育资源并没有得到合理的配置和使用。

笔者与园区管委会成员的访谈中发现，新疆昌吉国家农业科技园管委会设立了六个职能部门，管理园区的农业发展、招商引资、项目建设、财务等方面，但是没有设立专门的部门或者选派专业人员负责园区职业农民的培育工作。因此，园区也没有针对职业农民培育做出专项的年度计划来分配园区的培训资源，这导致园区在进行职业农民培训时出现管理混乱，如培训时间随意、培训方式单一等问题。虽然园区的管委会拨付了专项培训资金，并且对培训的次数做出了规定，但是没有详细的培训时间规划。园区专家委员会是园区与国内 8 所院校和科研单位合作建立的，专家们需要每年在园区开展关于农业基础知识、农业经营管理方法及农业科学技术的培训讲座约 40 期。但是这些讲座的时间安排没有计划，内容不系统。培训和讲座大都是随机的，遇到园区举办大型活动时会举办讲座，如 2013 年园区承办新疆科技座谈会时就举办了两场专题讲座。在培训方式上，园区对职业农民的教育主要是通过课堂讲授和示范

教育为主。互联网络、各种报刊、园区广播等媒介形式还没有得到园区管委会的有效利用。

（二）脱离园区农民实际情况，影响培训效果

目前，园区内长期务工的农民达到 14000 人左右，其中季节性用工人数达到 17000 人。根据园区管委会负责人的访谈得知，管委会在 2013 年 9 月开展了关于园区现有长期务工农民的文化教育统计，园区 14000 人中，本科和研究生学历 548 人，约为 3.9%；大专和职业技校 822 人，约为 5.9%；高中专 1050 人，约为 7.5%；初中 5768 人，约为 41.2%；小学 4172 人，约为 29.8%；文盲或者半文盲的 1161 人，约为 11.5%，如图 10-4 所示。

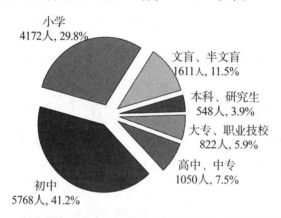

图 10-4　新疆昌吉国家农业科技园区长期务工农民受教育程度统计

从园区 2013 年的统计数据中可以看出园区小学和初中文化的农民占了 71.2%，还有 11.5% 为文盲或半文盲的农民。虽然园区这几年一直大力引进和孵化培育龙头企业，并且积极与各院校、科研单位合作引进农业科技人才，但是园区长期务农人员的整体文化程度依然不高。

从园区的教育资源安排上看，园区对农民的培训主要是围绕棉花技术栽培、畜牧良种和苗木繁育等农业科技知识进行的。由于园区农民的文化程度普遍偏低，单纯的农业科技知识教育，不但对提高农民的文化程度帮助不大，还造成农民知识体系单一。职业农民是现代化农业发展的接班人，他们是一群具备一定文化修养，掌握了农业生产经营基础知识，推动农业科学技术创新的农业生产经营管理人。要实现园区现代化农业"硅谷"的发展目标，职业农民的培育就非常关键。针对目前园区农民文化程度普遍偏低的情况，仅仅进行农业科技知识教育，没有基础文化素质教育、职业技术教育、市场营销和管理知

识、国家政策和法律知识、生活常识、人际交往等全方位、多层次、多样化的培训，园区职业农民群体的成长速度会非常缓慢。

（三）未区分职业农民的类型，降低培训的有效性

为了打造西部现代农业硅谷，成为培育农业人才的摇篮，园区投入了大量经费对农民培训，但培训的主要方式是讲座，培训的内容偏重农业生产技术和先进方法。而职业农民并非仅仅从事农业生产劳动的农民，在农业产业链上从事农业生产、经营和服务的都属于职业农民。根据园区目前职业农民的职业特征可以将职业农民分为三类：农业生产农民、经营管理农民、技术服务农民。农业生产农民主要是直接从事农业生产活动，拥有比较丰富的生产经验和生产技术，他们主要存在于园区示范基地的各个农场、园区种养殖基地，他们又可以被称为"农业工人"。园区的经营管理农民虽然不直接参与农业生产，但是拥有比较丰富的农业生产经营管理经验，他们是园区各大企业和园区核心区的管理人员，是园区示范区农场的农场主。园区的技术服务农民主要是园区农业产业链上各个环节的科技服务者，他们是园区和企业中的农业科技人员，是为园区农业经营提供社会化服务的专业人员，如农业信息员，农资销售员等。

园区管委会的统计数据显示，在园区 14000 名长期在园区服务的农民中，直接参与农业生产的农民约 11130 人，占总数的 79%，园区经营管理农民约1500 人，占总数的 10%，园区的技术服务农民约 1370 人，占总数的 11%，其中，本地农业科技人才 1141 人，外来引进人才 172 人，副教授以上的农业专家 57 人，如图 10－5 的所示。

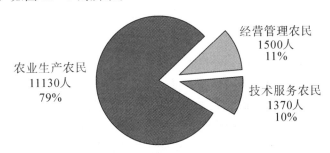

图 10－5　新疆昌吉国家农业科技园区长期务工农民各类型占比情况统计

园区面向农民的生产技术类讲座，共举办过 175 期，还抽调农业专家举办了 78 次科普类讲座。这对于园区直接从事农业生产的农民提高生产技术有积极的作用，但对于非直接参与农业生产的农民来说，简单的农业技术科普讲座并不能为其提供直接的帮助，这不但造成了农民对培训的消极情绪，还导致园

区培训资源的浪费。尤其是占园区 11％的这部分经营管理农民，他们其中有很大部分是农场主和农业企业管理者，他们具有较高的文化程度，掌握着一定的资金和技术，他们是最接近职业农民培育目标的群体。他们除了需要基础的农业知识外，更需要的是专业化的农业经营管理培训，能教会他们如何更好地经营土地，分析农业市场，配置农业资源。但是园区对这部分农民的培训显然做得不够细致和完善，直到 2013 年才投入专项资金开始对园区的农场主培训。在技术服务型农民的培训上，因为受众少，园区给予的专项培训就更少了，主要是以自学和请教为主。园区在培训上没有分层次、分重点的针对园区不同类型农民的农业需求开展，这严重浪费了园区的培训资源。

（四）培训缺乏监督和考核，培训效果难保证

对于任何组织的培训来说，要确保培训质量和培训的规范性都需要对培训过程进行监督控制以及对于培训效果进行评估和反馈，不断更新和完善培训计划，才能确保培训的有效性。新疆昌吉国家农业科技园区没有成立专门的职业农民培训部，也没有配备专人负责农民培训工作。目前，园区的培训按照培训地点可以分为园区内培训和园区外培训。

园区外的培训主要是以"自愿参加、择优选派"为原则，将园区内有一定文化基础的农民送往新疆农业科技职业技术学院进行培训。园区与新疆农业科技职业技术学院达成合作培养协议，培训和考核都是由学校方完成。农民培训完成后，由新疆农业科技职业技术学院组织考核，会给园区一份关于培训学员的成绩、培训大致内容和学员出勤情况的报告。但是园区方无人负责对于培训过程的监督，对于培训的内容是否合理，受训者的掌握情况，培训师的授课能力等方面，园区是无从知晓的。

园区内的培训主要是以"广覆盖、同参与"为原则，利用园区丰富的农业科技人才资源开展学习讲座、示范教育。但是同样无人对培训内容、农民参与情况以及参与后的学习情况进行监督和考核，对于农民学习了先进知识技术后，能否学以致用，投入农业生产，这部分知识培训对农业生产成果的转化率是高还是低都无从考证。没有专人负责园区农民培训，没有规范化的考核监督系统，农民的培训诉求表达不畅，培训成效不明，直接制约了园区职业农民培训的有效性。

二、职业农民经营能力培育方面的不足

(一) 农业信息服务平台有待更新和完善

随着社会科技水平的进步，我国农业生产也进入快速发展的时期，农村的基础设施建设不断完善，传统自给自足型的封闭的农业生产已然无法适应现代化的农业生产经营需要。在信息化的社会里，职业农民要能够熟练掌握电子信息技术的应用，要能够准确使用网络平台获取最新资讯，提高自己的生产经营水平。新疆昌吉国家农业科技园已投资 1200 万建设园区综合信息服务平台，提供在线网络服务。①

首先，就园区的基本情况来看，园区内具有小学和初中文化的农民占了园区总人数的 71%，笔者通过访谈得知，园区农民对于新技术和新知识是有意愿进行学习的，但是由于自身文化层次有限，接受新事物和新技术的能力比较差，导致了农民对于互联网获取信息的概念模糊，自己需要哪些农业信息、如何获取这些信息非常迷茫。其次，园区没有针对职业农民进行专门的信息平台使用培训。农民自己搜索使用信息平台，获取市场信息时，因操作不熟练、方法不正确等，导致农民搜索出的信息并非自己所需要的，造成了园区农民对于信息服务平台失去兴趣。最后，园区信息服务平台本身不够完善。农业信息平台是职业农民获取农业市场信息、学习农业生产经营新技术和新方法的有效方式，它还是园区职业农民在线学习的平台，为职业农民及时提供先进的科学知识和技能培训，指导职业农民的生产经营。但是园区目前的信息平台搭建还处于起步阶段，2018 年 5 月才投入使用，有诸多不完善的地方，尤其是数据库的更新和完善。比如，在国内农业新闻的介绍上仅仅围绕新疆当地的农业生产进行，而在国际新闻的介绍上信息量又极其少。此外，所有的农业信息都是简单罗列，并没有对于农业市场信息的指导与分析，这使得农民在使用提炼信息上无从下手，造成资源的浪费，园区农民的经营水平无从提高。

(二) 园区企业带动职业农民培育的作用有限

新疆昌吉国家农业科技园区的农业龙头企业主要是以农业产品的加工、储藏和产品流通为主业。在市场经济条件下，龙头企业的出现，避免了分散的小

---

① 国际在线. 新疆昌吉国家农业智慧园区建设取得重大突破〔EB/OL〕. http://gb.cri.cn/44571/2014/02/27/7351s4441219.htm.

农经济应对农业大市场的生产经营风险。龙头企业需要农民提供优质和大量的农产品，保证生产原料的供应，而农民个体则需要利用龙头企业的资源和经营优势，降低市场风险和生产成本。于是，龙头企业与农民结成了利益共同体，提高现代农业生产经营的效率。

就园区的现状来看，一方面，龙头企业发展不平衡，职业农民带动作用不强。园区只有部分大型龙头企业，如新疆西域实业集团、新疆泰昆集团拥有比较丰富的产品线和完整的产业链，能够最大限度地实现农业的集约化、规模化生产。但园区内大部分的企业还处于成长和发展阶段，农副产品精加工的水平低，这直接导致园区农产品的商品价值低，农民和园区企业的利润不高。在较单一的农业产业链上的农业产业工人，很难做到学会全面的农业经营管理方法。另一方面，虽然园区的龙头企业纷纷意识到培育专业化的农业人才对于企业经营管理的重要性，并且在农民农业生产技术提高的培训上给予了支持，但是由于众多中小企业规模有限、发展程度较低，在职业农民这样的高进阶农业人才的培育上就显得力不从心。而园区方面也没有安排及时的辅导和支持，帮助这些中小企业在人才培育和储备上不断完善。笔者在调研过程中发现，园区的中小企业里人员本来就少，经营管理方面的培育有的甚至被完全忽略，只要企业能够完成销售，在市场竞争中存活即可。作为经营型人才聚集的企业区，由于企业的发展规模限制和园区的忽略，导致最应该起到"会经营"的职业农民示范作用的各企业没能大量培育出适合现代化农业发展的职业农民。

（三）多元化的服务组织未引入，职业农民经营水平提高有限

传统农民封闭性强，对于农业市场信息掌握少，农民的经营管理能力差，商品意识不强，分散程度高，在较短的农业产业链上，农民个体几乎承担着所有的工作。随着我国现代化农业发展的不断深入，对于职业农民群体的素质要求也越来越高。职业农民不止参与农业的直接生产，更需要具备一定的经营管理能力，能够合理配置已有的土地、人工、资金等生产资源。在新疆昌吉国家农业科技园中，大的农场主很多拥有丰富的土地、先进的生产技术和一定的发展资金，但是并没有能够真正实现资源的合理配置。

在采访一位从事西甜瓜生产的农场主时，他表示农场西甜瓜的销售渠道单一，自己却找不到合适的代理公司帮他完成，销路不畅，使他纵有好的产品却无法扩大生产规模。而一位玉米种植的农场主表示自身专业知识有限，在遇到生产难题时，只能四处求教。类似的困惑在园区中时常出现。职业农民不应只是简单的农业生产者，更多的角色应该是农业资源的配置管理者，他们需要更

好的经营自己的土地和生产，但是仅仅依靠他们自己的力量是不够的。在不断完善和发展的农业产业链中，职业农民实际上无法做到所有环节都亲力亲为，这时就需要多元化的经济组织为他们的农业生产经营提供服务和帮助。就园区的现状看，除了园区管委会承担园区的运作和管理工作，职业农民所需要的农业生产经营相关服务组织还没有建立。职业农民遇到技术问题，没有专业从事农业技术的公司给予帮助；遇到销售营销的产品流通问题，也没有专业的农产品营销组织帮助他们拓展销售渠道；遇到市场风险、资金周转问题，也没有专门的保险信贷组织帮助职业农民承担风险；在职业农民在日常生活上，相应的配套服务也没能完善。园区单一发展农业生产、加工，对于提高职业农民的经营管理水平无益。园区内多元化的服务组织没有发展起来，无法为职业农民的农业经营和资源配置提供便利，导致园区职业农民的经营水平提升缓慢。

三、职业农民组织化发展方面存在的不足

（一）园区在职业农民培育群体的选择上无重点

在我国传统农业向现代农业转化的关键时期，需要依靠科技进步拉动农业发展。职业农民就是这样一批有较高的文化素质，掌握了现代化的农业生产技术，是具有企业家精神，能够带动农业转型的高层次农业人才。而在现实的园区情况下，要在有限的资源中培育这样一批高素质的农业人才需要合理的安排，有重点的培育。

首先，根据园区目前农民群体的现状，71%的农民文化层次都为高中以下，还有11.5%的为文盲或者半文盲。他们科技文化水平不高，对于园区内较为先进的农业生产技术和农业生产工具不会使用，对于新的知识和新的科学技术，吸收和应用能力差。而园区421家企业的经营者、100位以上的农场主，他们本身就拥有一定的农业生产资源，不单纯是简单的一线农业生产者，更多承担着农业资源经营整合者的角色，具有较高的素质，在职业农民培育工作中，他们应该成为园区优先培育的对象。由他们率先学习科学的农业经营方法，示范带动整个园区的农民提高经营水平。但是园区目前的职业农民培育工作没有明确的重点，并没有立足园区的特色产业，把农业大户、农业企业经营者、农场主等作为重点培育，统一的、无针对性的培训导致职业农民培育进程缓慢。

其次，在职业农民的培养上，园区都仅仅局限于本区长期务农人员。虽然他们长期从事农业生产经营，但是文化水平不高，培育周期过长，培育效果较

差。对农村中的农业青年劳动力以及致力于为农业生产经营和农业科技研发的有志青年，他们有较高的文化层次，年轻力壮，接受新事物的能力比较强，有的自小生长在农村，有的则是热爱农业渴望加入职业农民行列的青年，是职业农民的好苗子。园区对这部分新势力没有给予重视和关注，没有设立优惠的政策吸引他们加入，导致了园区职业农民培育的选才空间小，要培育出一批有市场意识、有知识、懂技术、会经营管理的新型职业农民更为困难。

（二）园区"龙头企业＋农民"的组织形式存在问题

职业农民的培育不是简单的农民培训，除了要求职业农民具备一定的文化素质和科技水平，更要求职业农民能够掌握一定的经营管理方法，具备市场意识。在高标准的要求下，通过传统的培训自然无法达到。要求每位农民直接面对庞大复杂的农业市场，对于农民个体来说挑战过大，也无法承担市场风险。因此，需要搭建平台，解决"小农户、大市场"的矛盾。

园区目前工作的重点放在了引入农业龙头企业和高新技术企业上，通过企业的聚集，直接和间接的培育园区农民，提升农民的经营意识和生产标准。但是从企业来看，企业发展的目的是获取利益的最大化。园区中的龙头企业虽然有政府的扶持、园区的优惠政策，但作为营利组织，不是公益慈善单位，不会完全以农民群体的利益为重。有的农民将自己的土地流转出来，受雇于园区企业，从事农业生产。但是遇到不公平待遇时，园区又没有建立相应的维权部门，导致农民的权益无从保障。有的农场主与企业合作，追求各自利益的最大化，在市场供大于求时，企业违约，农户损失惨重，在市场供不应求时，企业往往利用自身的资源和渠道优势，挤压农民，垄断产品价格。有的农场主没有诚信意识，也同样使企业遭受损失。

园区不断有扶持龙头企业入驻，发展"企业＋农户"的组织模式，利用龙头企业培育和发展职业农民，帮助职业农民提高生产水平和市场化意识。这种模式虽然也在中国农村中被大力推广，但是龙头企业和农民之间的利益却是对立的。园区并没有在其中起到良好的引导作用，也没有积极组建和发展农民合作社。单一的"龙头企业＋农民"的组织形式，加上园区在引导和规范的工作上不细致，导致园区职业农民群体的培养速度放慢。

参考文献

[1] 西奥多. 舒尔茨. 对人进行投资——人口质量经济学 [M]. 吴珠华, 译. 北京: 商务印书馆, 2020.

[2] 张文贤. 人力资本 [M]. 成都: 四川人民出版社, 2008.

[3] 赵国友. 农村人力资本投资对构建和谐社会的影响研究 [M]. 成都: 西南财经大学出版社, 2009.

[4] 白菊红. 农村人力资本积累与农民收入研究 [M]. 北京: 中国农业出版社, 2004.

[5] 林仁惠, 王蒲华, 黄跃东. 现代农村经纪人 [M]. 北京: 中国农业科学技术出版社, 2005.

[6] 纪良纲, 等. 农产品流通中介组织研究 [M]. 北京: 中国商业出版社, 1998.

[7] 张展. 中国市场中介组织的发展研究 [M]. 北京: 中国经济出版社, 2007.

[8] 李治民, 冯韶辉. 新农村经纪人培训教材 [M]. 北京: 金盾出版社, 2008.

[9] 潘晨光. 中国人才发展报告 [M]. 社会科学文献出版社, 2011.

[10] 傅晨. 中国农村合作经济: 组织形式与制度变迁 [M]. 北京: 中国经济出版社, 2006.

[11] 傅夏仙. 农业中介组织的制度变迁与创新 [M]. 上海: 上海人民出版社, 2006.

[12] 林善浪. 中国农村土地制度与效率研究 [M]. 北京: 经济科学出版社, 1999.

[13] 鲜祖德. 中国农村市场调研报告 (2004) [M]. 北京: 中国统计出版社, 2005.

[14] 张真. 农村市场经济体制的创建与完善 [M]. 郑州: 郑州大学出版社, 2004.

[15] 彭飞龙，陆建锋，刘柱杰. 新型职业农民素养标准与培育机制 [M]. 杭州：浙江大学出版社，2015.

[16] 罗昆，邓远建，严立冬. 新型职业农民创业理论与实务 [M]. 武汉：湖北科学技术出版社，2014.

[17] 西和县电子商务中心. 新型职业农民精准扶贫技术读本 农村电商一本通 [M]. 兰州：甘肃科学技术出版社，2017.

[18] 曹东勃. 职业农民的兴起 对长三角地区"农民农"现象的研究 [M]. 北京：中国政法大学出版社，2013.

[19] 殷晓清. 农民的职业化：社会学视角中的三农问题及其出路 [M]. 南京：南京师范大学出版社，2005.

[20] 赵焕臣，许树柏，和金生. 层次分析法——一种简易的决策方法 [M]. 北京：科学出版社，1986.

[21] T. L. Saaty. 层次分析法——在资源分配、管理和冲突分析中的应用 [M]. 许树柏，等译. 北京：煤炭工业出版社，1988.

[22] 朱启臻，赵晨鸣. 农民为什么离开土地 [M]. 北京：人民日报出版社，2011.

[23] 张桃林. 让更多高素质农民成为职业农民 [N]. 农民日报，2012-03-22 (001).

[24] 霍生平，刘鑫慧，吴易雄. 新型职业农民培育云平台的构建及应用 [J]. 经济与管理，2019，33 (03)：52-58.

[25] 卓炯，杜彦坤. 农业硕士研究生教育培育新型职业农民的思考 [J]. 学位与研究生教育，2019 (04)：31-39.

[26] 于兴业，刘望，刘家富. 生产经营型职业农民职业知识和技能需求研究——基于黑龙江省5县的调查 [J]. 现代远距离教育，2019 (02)：87-96.

[27] 李宝值，杨良山，黄河啸，朱奇彪. 新型职业农民培训的收入效应及其差异分析 [J]. 农业技术经济，2019 (02)：135-144.

[28] 刘家富，余志刚，崔宁波. 新型职业农民的职业能力探析 [J]. 农业经济问题，2019 (02)：16-23.

[29] 徐磊，吴昕慧. 钱还是面子？——粮农的职业农民意愿分析 [J]. 农林经济管理学报，2019，18 (01)：12-20.

[30] 向朝阳，胡越，万蕾. 新型职业农民组织发展：来自美国的经验启示——以美国俄勒冈州农民组织为例 [J]. 世界农业，2019 (02)：20-

22，27.

[31] 刘银妹. 农村迁入型职业农民群体特征研究——以隆安那桐镇那村为例 [J]. 广西民族大学学报（哲学社会科学版），2019，41（01）：70-76.

[32] 梁成艾. "职业农民"概念的历史溯源与现代扩张——基于乡村振兴战略之视角 [J]. 农村经济，2018（12）：123-128.

[33] 吕雅辉，张润清，张亮，等. 新型职业农民培育"阳晨模式"研究 [J]. 农业经济问题，2018（11）：38-49.

[34] 刘琼. 新型职业农民教育培训的现状与对策分析——评《新型农民与农民工的教育培训》[J]. 教育理论与实践，2018，38（32）：65.

[35] 陈景红. 乡村振兴战略下培育新型职业农民策略研究 [J]. 广西社会科学，2018（10）：97-99.

[36] 崔锐. 为什么要培育新型职业农民 [J]. 人民论坛，2018（28）：80-81.

[37] 闫梦露，钟太洋. 外来职业农民和本地农户种植多样性差异及影响因素研究 [J]. 资源科学，2018，40（09）：1752-1761.

[38] 张立国，李芳. 我国新型职业农民培育研究的热点表征和进程预判——基于 CNKI 的量化考察 [J]. 现代教育管理，2018（09）：80-87.

[39] 黄顺君. 习近平新型职业农民主体性思想及其现实意义 [J]. 社会科学家，2018（09）：150-156.

[40] 梁成艾，黄旭东. 习近平职业农民培育思想的历史溯源与内涵解读 [J]. 青海社会科学，2018（04）：20-26.

[41] 徐辉，孔令成，张明如. 新型职业农民农业生产效率的三阶段 DEA 分析 [J]. 华东经济管理，2018，32（08）：177-184.

[42] 周瑾，夏志禹. 影响新型职业农民从业选择的微观因素分析 [J]. 统计与决策，2018，34（12）：94-98.

[43] 马艳艳，李鸿雁. 农户对新型职业农民培训的意愿响应及影响因素分析——以宁夏银北地区 265 户农户调查数据为例 [J]. 西北人口，2018，39（04）：99-104，111.

[44] 钟真，齐介礼，史冰清，等. 职业农民更有效率吗——来自滇琼两省天然橡胶种植户的证据 [J]. 农业技术经济，2018（05）：40-51.

[45] 徐辉，许泱，李红，等. 新型职业农民培育影响因素及其精准培育研究——基于 7 省 21 县（市、区）63 乡（镇）的调研数据 [J]. 江西财经大学学报，2018（03）：86-94.

[46] 郑雄飞. 职业化与成员权：新型职业农民的社会利益关系及其协调路径

优化 [J]. 山东社会科学, 2018 (05): 28−33, 42.

[47] 杨璐璐. 乡村振兴视野的新型职业农民培育: 浙省个案 [J]. 改革, 2018 (02): 132−145.

[48] 马榕璠, 申健, 李凡. 全面建成小康社会视域下新型职业农民培育探究——以山西省为例 [J]. 教育理论与实践, 2017, 37 (33): 31−33.

[49] 马建富, 马欣悦. 基于新型职业农民培育的农村职业教育供给侧改革 [J]. 河北师范大学学报 (教育科学版), 2017, 19 (06): 54−59.

[50] 欧阳忠明, 李国颖. 传统农民向新型职业农民转型过程中的学习研究 [J]. 河北师范大学学报 (教育科学版), 2017, 19 (06): 60−66.

[51] 崔红志. 新型职业农民培育的现状与思考 [J]. 农村经济, 2017 (09): 1−7.

[52] 胡焱, 王伯达. 新型职业农民培育困境及对策研究 [J]. 理论月刊, 2017 (08): 148−152.

[53] 刘吉双. 日本农村耕地保护制度与职业农民就近就地城镇化 [J]. 学术交流, 2017 (08): 135−140.

[54] 欧阳忠明, 杨亚玉. 新型职业农民的职业化学习图景叙事探究 [J]. 现代远程教育研究, 2017 (04): 59−69.

[55] 吴易雄, 周芳玲. 新型职业农民农业经营状况及农业从业意愿分析——基于全国百村千民的实证分析 [J]. 经济问题, 2017 (05): 89−93.

[56] 颜廷武, 张露, 张俊飚. 对新型职业农民培育的探索与思考——基于武汉市东西湖区的调查 [J]. 华中农业大学学报 (社会科学版), 2017 (03): 35−41+150.

[57] 周杉, 代良志, 雷迪. 我国新型职业农民培训效果、问题及影响因素分析——基于西部四个试点县 (市) 的调查 [J]. 农村经济, 2017 (04): 115−121.

[58] 吴易雄. 新型职业农民创业的决策机制及其影响因素分析 [J]. 统计与决策, 2017 (01): 110−113.

[59] 贾亚娟, 宁泽逵, 杨天荣. 基于 AHP 法的新型职业农民胜任素质评价体系的构建 [J]. 西安财经学院学报, 2017, 30 (01): 82−90.

[60] 乔平平. 基于新型职业农民培育的农村职业教育行动策略 [J]. 教育理论与实践, 2016, 36 (33): 23−25.

[61] 欧阳忠明, 任鑫, 田丽君. 新型职业农民心理资本与自我导向学习的关系 [J]. 现代远程教育研究, 2016 (06): 47−55.